Ingo Resch

Islam und Christentum

Ingo Resch

Islam und Christentum
Ein Vergleich

Mit einem Vorwort von
Nassim Ben Iman

RESCH-VERLAG

Bibliographische Information der Deutschen Nationalbibliothek
Die Deutsche Nationalbibliothek verzeichnet diese Publikation in der Deutschen
Nationalbibliografie; detaillierte bibliografische Daten sind im Internet über
http://dnb.d-nb.de abrufbar

Impressum:
1. Auflage 2011
© Verlag Dr. Ingo Resch GmbH
   Maria-Eich-Straße 77, D-82166 Gräfelfing
Alle Rechte vorbehalten

Satz: FotoSatz Pfeifer, Gräfelfing
Druck + Bindung: RMO & Welte, München
Umschlagsgestaltung: Atelier Lehmacher, Friedberg
Printed in Germany

ISBN 978-3-935197-98-4

Titelbild: Plakat Deutsches Theater, München 1954, Nathan der Weise

Inhaltsverzeichnis

Einleitung und Danksagung

Nach dem schrecklichen Ereignis des 11. September 2001 wurde ich gebeten an einer Podiumsdiskussion vor Studenten teilzunehmen. Es waren zwei Moslems, ein Kirchenvertreter und ein Bundestagsabgeordneter vertreten. Dabei stand ich etwas alleine mit der Meinung, dass nicht der Westen Schuld an diesem Verbrechen trägt und auch, dass der islamische und christliche Glaube sich unterscheiden. Eine frühere Studienreise nach Jordanien und Israel ließ die Frage, wie gleich oder ungleich, wie wahr oder unwahr die Religionen sind, schon damals aufbrechen. Und so wurde ich gebeten einen Vortrag auszuarbeiten, den ich dann durch Mundpropaganda weitergereicht in vielen Städten Deutschlands gehalten habe und somit immer tiefer durch die anschließenden Gespräche sowie durch Veröffentlichungen vor allem von Frau Professor Dr. Christine Schirrmacher, in die Materie eindrang.

Dabei danke ich Professor Dr. Heribert Busse, der als einer der bedeutenden Orientalisten das Manuskript kritisch prüfte, dem evangelischen Theologen Herrn Professor Dr. Wolfhart Pannenberg, der mir Mut machte diese Gedanken weiterzutragen, die Orientalistin Frau Professor Ursula Spuler-Stegemann, die auch nach einem solchen Vortrag Zustimmung und Anregungen vermittelte, sowie ganz besonders Herrn Manfred Kleine-Hartlage, Autor des Buches *Das Dschihadsystem,* der das vorliegende Manuskript überarbeitete, bereicherte und nicht nur mit einigen Literaturhinweisen ergänzte. Schließlich danke ich Herrn Kirchenrat Dr. Rolf Sauerzapf, Dekan im Bundesgrenzschutz a.D. und Vorstandsvorsitzender der HMK – Hilfe für verfolgte Christen der, als ich dieses Thema auf einer kleinen Tagung vortrug mich bat, es doch schriftlich vorzulegen. Was ich nun hiermit mache und dabei danke ich Nassim Ben Iman, der mir nicht nur viele Anregungen vermittelte, sondern auch ein Vorwort verfasst hat. Nicht zuletzt danke ich meiner Frau Solvay, die mich auf den vielen Vorträgen begleitete, wertvolle Anregungen gab und viel Geduld aufbringen musste.

Ingo Resch

Vorwort

Wie ist es, wenn zwei unterschiedliche, über Jahrhunderte gewachsene Kulturen in einem Staat auf einander treffen? Wenn, wie die anzustrebende Situation in Europa ist, die betroffenen Menschen eine gemeinsame Lebensformel finden wollen und müssen, eine Lebensformel, die ein friedliches Miteinander ermöglichen soll, dann ist es wichtig die Kulturen zu begreifen. Was sind ihre Wurzeln, welche Annahmen liegen ihnen zu Grunde? Nur wer diese kennt, kann urteilen und auch einen eigenen Standpunkt gewinnen. Mehr noch, nur in dem Begreifen der Quellen, ist ein Verständnis möglich, nur dann lassen sich Wege des Miteinander aufzeigen.

Als Araber, im Islam erzogen und großgeworden und als Auswanderer nach Deutschland gekommen, habe ich das Spannungsfeld meiner islamischen und arabischen Wurzeln einerseits und die Deutschland prägenden kulturellen Einflüsse andererseits erlebt. Was ich an dieser vorliegenden Schrift schätze, ist, dass es dem Autor gelungen ist, unter Bezug auf die jeweiligen Quellen die sich daraus ergebenden unterschiedlichen Aussagen zu verdeutlichen. Durch diese Schrift kann der Leser nicht nur entscheidende Merkmale des Islam verstehen, sondern – und dies ist ein besonderes Anliegen – das Wesentliche der Struktur des christlichen Glaubens sich vergegenwärtigen. Diese Kenntnis fehlt großenteils den islamisch geprägten Zuwanderern. Das hat zur Folge, dass nicht die Menschen, nicht die zugewanderten Muslime in dieser Gesellschaft und Kultur ankommen, sondern der Islam, also seine Lehre und Dogmen. Und viele der politischen Integrationsbemühungen versuchen gerade diesen, im Grunde verkehrten Weg. Denn wenn es auf Grund der Lehre unterschiedliche Rechtsauffassungen gibt, dann wird Integration nicht nur erschwert, sondern auch unmöglich gemacht.

Viele der Migranten, empfinden weder für ihr Abstammungsland, noch für Deutschland die erforderlichen identitätsstiftenden Impulse. Sie sind weder Araber oder Türke noch Deutscher. Auf grund dieser nicht zu beantworteten Frage, *wer bin ich*, erfolgt die Hinwendung zu ihrer angestammten Religion daher oft radikaler als in dem Ursprungland. Wenn sie in diesem Land jedoch ankommen sollen, dann müssen sie nicht nur die Sprache verstehen, sondern auch die Kultur ihrer neuen Heimat. Dann müssen sie sich mit den eigentlichen Aussagen und Grundlagen dieser Kultur auseinandersetzen. Dies wird in großem Stile versäumt.

Leider ist die Kenntnis über die Grundlagen der abendländischen Kultur auch bei Menschen, die sich auf deutsche Wurzeln berufen können, nur fragmentarisch vorhanden. Deshalb finde ich diese Schrift so wichtig, denn sie führt, weil sie die Unterschiede aufzeigt, zu einem Verstehen. Es wird einerseits das Anliegen des Islam deutlich und andererseits was christlicher Glaube bedeutet.

Nassim Ben Iman

Gleich oder ungleich

Gotthold Ephraim Lessing schildert in „*Nathan der Weise*" die berühmte Ringparabel: Aus einem Ring, der *die geheime Kraft besitzt ,vor Gott und den Menschen angenehm zu machen, wer ihn in dieser Zuversicht trug,* lässt ein Mann für seine drei Söhne Ringe machen, und als nach seinem Tode die Söhne den Richter befragen, welches der echte Ring sei, erhalten sie die Antwort: *Es eifre jeder seiner unbestochenen, von Vorurteilen freien Liebe nach!* Wäre damit der Inhalt der Religionen zum Verwechseln ähnlich, es komme nur auf den Glauben an? Sind alle drei Religionen Religionen der Liebe? Wollen alle drei Religionen dasselbe? Sind sie womöglich nur unterschiedliche Verpackungen für denselben Inhalt?

Diese drei Religionen weisen in der Tat große Ähnlichkeiten auf, und doch unterscheiden sie sich: Die älteste dieser Religionen, das Judentum, gründet auf dem Vertrauen Abrahams in den unsichtbaren Gott und den Bündnissen, die Gott mit ihm geschlossen hat. Die Heiligen Bücher der Juden (Mose und die Propheten) stellen für die Christen das Alte Testament dar. Das Neue Testament wird im christlichen Verständnis als Erfüllung des Alten Testamentes und der in ihm enthaltenen Prophezeiungen gesehen. Beide zusammen bilden die Bibel der Christen. Insofern unterscheiden sich Judentum und Christentum, verkürzt und vereinfacht dargestellt, darin, dass etliche der Prophezeiungen des Alten Testamentes mit Jesus Christus im Christentum als bereits erfüllt angesehen werden, im Judentum aber nicht, oder noch nicht. Gottes- und damit Menschenbild unterscheiden sich jedoch nicht grundsätzlich.

Der Islam, die jüngste dieser drei Religionen, gründet auf dem Koran. Der Koran, so die Lehre des Islam, soll die letzte und unverfälschte Offenbarung Gottes beinhalten, wohinge-

gen die Heiligen Schriften von Juden und Christen im Laufe
der Geschichte verfälscht worden seien. Insofern liegt schon
in dieser Beurteilung ein grundsätzlicher Unterschied zwischen den beiden biblischen Religionen einerseits und dem
Islam andererseits vor. Es ist wichtig, sich dieses Unterschie-
des bewusst zu sein, auch und gerade wenn man den interreli-
giösen Dialog sucht: Wohl erkennt der Islam die Heiligen
Schriften der Juden und Christen an, aber nur soweit ihr Inhalt
mit dem Islam übereinstimmt, oder doch wenigstens mit ihm
kompatibel ist. Aus islamischer Sicht sind die Gestalten der
Bibel – von Noah bis Jesus – ausschließlich Propheten und als
solche Vorläufer Mohammeds, und sie hätten, wiederum nach
islamischer Doktrin, nie etwas Anderes gepredigt und gelehrt
als Mohammed selbst. Dass Christen und Juden darauf behar-
ren, dies sei aber gemäß ihren Schriften ganz anders gewesen,
macht sie in muslimischen Augen zu Ketzern, die vom wahren Glauben, eben dem Islam, abgefallen seien, und oben-
drein zu Lügnern und Fälschern, die Allahs Wort entstellt hätten.

Der Islam sieht sich nicht als *Nachfolger* der beiden anderen monotheistischen Religionen (in dem Sinne wie sich die
christliche Religion als Nachfolgerin und Erfüllerin der jüdischen versteht), sondern als deren *Vorgänger*, dem gegenüber
die beiden anderen von vornherein mit dem Makel der Häre-
sie, und das heißt: der Illegitimität, behaftet sind.

Diesen Unterschied zu verdeutlichen ist wichtig. Weltan-
schauungen, d.h. Religionen, Ideologien oder Philosophien
prägen die jeweilige Kultur. Wenn unterschiedliche Kulturen
nebeneinander existieren, so kann dies befruchtend, zumindest anregend sein. Wenn jedoch mit dem kulturellen Selbstverständnis ein Herrschaftsanspruch verbunden ist, dann sind
Konflikte nicht zu vermeiden, vor allem, wenn solche prägenden Ansprüche innerhalb eines Staates aufeinander treffen.

Der Vergleich zwischen Islam und Christentum kann auf verschiedenen Ebenen erfolgen: Es lässt sich die Geschichte und die kulturelle Entwicklung vergleichen, es lassen sich die Biographien der Urheber einer Weltanschauung aufzeigen und es lassen sich die verschiedenen Glaubensströme und Entwicklungen in der Geschichte verdeutlichen (einschließlich der verschiedenen verheerenden Fehlentwicklungen) oder nur die Lehre. Im Folgenden geht es um einen Vergleich der Lehren, das heißt der theologischen Überzeugungen beider Religionen.

Manch einer mag einen solchen Vergleich reichlich esoterisch finden: Was kann das Trinitätsdogma oder die Lehre von der Unerschaffenheit des Korans schon mit den aktuellen politischen und sozialen Problemen unserer Gesellschaft zu tun haben – mit Integrations- und Bildungsdefiziten, mit Arbeitslosigkeit, mit ethnischen Spannungen? Lenkt eine „bloß" theologische Erörterung nicht von den handfesten irdischen Ursachen dieser Probleme ab?

Grundsätzlich kommt es zwar nicht darauf an, ob eine theologische Fragestellung auch politisch relevant ist. Ich glaube aber, dass die vorliegende es tatsächlich ist: Wo unterschiedliche Kulturen aufeinandertreffen, treffen unterschiedliche Weltauffassungen aufeinander. Was wir über die Welt denken, wie sie ist und wie sie sein sollte, was gut und was böse ist, was Gerechtigkeit bedeutet und was der Sinn unseres Daseins ist – das sind Fragen, die von den großen Religionen beantwortet werden, und diese Antworten sind als kulturelle Prägungen unter Umständen sogar langlebiger als die Religionen selbst. Im Westen neigen viele zu einer liberalen Ideologie und glauben, ihre Vorstellungen von Toleranz, Selbstbestimmung und Menschenrechten hätten nichts mit dem Christentum zu tun, in dessen kultureller Tradition sie selbst aufgewachsen sind. Eine solche Selbsttäuschung führt dann folgerichtig dazu, dass man fremden Religionen ebenso wenig Relevanz zutraut wie der eigenen.

Wer tiefer in die Grundlagen geht, wird feststellen, dass Christentum und Islam die fundamentalen Fragen über Gott und die Welt höchst unterschiedlich beantworten, und manches, was auf den ersten Blick ohne Bezug zur Religion zu sein scheint, dürfte dann in einem anderen Licht erscheinen.

Beim Vergleich der Lehren von Islam und Christentum sollte man sich davor hüten, Einzelaspekte aus dem Zusammenhang zu reißen und in dieser verkürzten Form miteinander zu vergleichen. Beide Religionen gehen vielmehr von einem bestimmten Gottes- und Menschenbild aus, und erst im Kontext dieser theologischen Grundentscheidungen ergeben die aus ihnen folgenden Glaubensinhalte einen Sinn.

So kann man auch nicht ohne Weiteres Jesus mit Mohammed vergleichen, weil das Christentum in der Person Jesu als Sohn Gottes eine heilsgeschichtliche Erfüllung sieht. Jesus wird als der Beginn einer Neuschöpfung verstanden, mit seiner Auferstehung ist der Tod überwunden, und damit ist Jesus mehr als ein Lehrer, während Mohammed nach islamischer Auffassung ein Mahner und Warner, ein Gesandter war, sozusagen nur der Überbringer der Botschaft Allahs – nicht weniger, aber auch nicht mehr. Andererseits beinhaltet die Lehre Jesu Christi keine Staats- oder Gesellschaftslehre, während der Islam genau dies vertritt.

Der Glaube an die Person Jesu Christi oder der Glaube an die Lehre des Koran weisen zwei unterschiedliche Wege. Es sind Wege, die entweder zu dem Dreieinen Gott oder zu Allah führen. Doch wenn diese Wege unterschiedlich sind, dann fragt sich, ob dieser Unterschied nicht auch auf das Bild des jeweiligen Gottes zutrifft. Oder umgekehrt: Wenn die Beschreibung des jeweiligen Gottes unterschiedlich ist, dann sind es auch die Wege. Diese unterschiedlichen Wege prägen das Weltverständnis und damit die Kultur, selbst wenn es den meisten, die mit einer bestimmten kulturellen Prägung groß geworden sind, nicht bewusst ist. Für sie sind gewisse Ansichten, die in ihrem kulturellen Umfeld gelten, selbstverständlich. Aber ein Blick in die Geschichte, wie auch auf fremde Kulturen lehrt, dass nichts selbstverständlich ist.

Freilich werden Unterschiede der Weltauffassung oft erst dann als solche sichtbar, wenn sie sich in gesellschaftlichen Problemen niederschlagen und dann zu vertieftem Nachdenken zwingen. Es könnte durchaus sein, dass die Auseinandersetzung mit der islamischen Kultur im eigenen Land zu einem breiteren Bewusstsein für die sittlichen Grundlagen unserer eigenen Gesellschaft führen wird – für Grundlagen, die wir vielleicht allzu leichtfertig für schlechthin gegeben halten. So sollen im Folgenden primär die Unterschiede zwischen Islam und Christentum herausgearbeitet werden, und nicht Ähnlichkeiten. Denn nur an den Unterschieden lässt sich eine Entscheidung treffen.

Es empfiehlt sich, systematisch vorzugehen und folgende Bereiche zu betrachten: Das Menschenbild, das Gottesbild, das Handeln des Menschen und das Gottes, die Bedeutung der Geschichte, die Bedeutung des Gesetzes und immer wieder Schlussfolgerungen, die in diesem Fall aus der Warte der christlich-abendländischen Kultur erfolgen.

Menschenbild und Gottesbild

Die Frage nach dem Menschenbild enthält stets auch die nach dem Gottesbild. Wer die Frage nach dem Menschenbild beantworten will, muss also eine Vorstellung haben, ob es einen Gott gibt und wie dieser Gott ist. Es ist verständlich, dass das Menschenbild in einer atheistischen Weltanschauung anders ist als dort, wo es einen Gott gibt. Kommunismus und Nationalsozialismus leugneten den Gott der Bibel, das Menschenbild war anders, es war erschreckend: Es bedeutete die Instrumentalisierung des Menschen durch die utopische Ideologie und die sie propagierenden Machthaber. Vergleichbar mit den Schrecknissen, wenn Menschen ihre eigene Macht in den Mittelpunkt stellten, selbst wenn sie dabei ein dem eigenen Herrschaftsanspruch nicht entsprechendes Gottesbild für ihre Belange benutzen: Jede Religion kann für menschenfeindliche Zwecke bis hin zu totalitärer Herrschaft missbraucht werden. Solche Erfahrungen wurden in allen Kulturen gesammelt. Die entscheidende Frage lautet, ob es sich tatsächlich um einen *Miss*brauch handelt, oder ob nicht die jeweilige Religion selbst eine inhumane Auslegung fordert oder ihr doch zumindest Vorschub leistet. Im Islam und im Christentum gibt es einen Gott, und er wird von beiden als Schöpfer der Welt bezeichnet. Aber wenn dieser Gott anders verstanden wird, ist auch das Menschenbild ein anderes.

Wenn im Folgenden von Gott die Rede ist, dann ist Gott gemeint, wie er von den Autoren der Bibel geschildert wird. Ist von Allah die Rede, dann ist der Gott gemeint, der von Mohammed im Koran beschrieben wurde. Versuchen wir uns das Bild von Gott bzw. von Allah über die Darstellung der Menschen zu erschließen, Gott können wir nicht sehen, die Menschen schon.

Im christlichen Verständnis wurde der Mensch in Ebenbildlichkeit zu Gott geschaffen. Das hat Folgen: Denn alle

Menschen, egal welcher Rasse, Nationalität oder Religion sie angehören, egal was sie glauben und denken, sie haben die gleichen Grundrechte. Die Würde jedes Einzelnen ist unantastbar und nicht einzuschränken. Das Menschenbild wird vom Einzelnen, vom Individuum geprägt. Die sich frei entfaltende menschliche Persönlichkeit mit ihrer Würde steht im Bezug zur sozialen Gemeinschaft. Der Mensch ist damit verantwortlich gegenüber seinem Nächsten, egal wie unterschiedlich er sein mag. Unsere Rechtskultur ist so geprägt. Wir nehmen sie als selbstverständlich an, sie ist es aber nicht.

Im islamischen Menschenbild ist der Mensch zwar auch von seinem Gott, von Allah geschaffen worden, aber nicht in Ebenbildlichkeit zu Allah. Auch das hat Folgen: Die Bestimmung des Menschen liegt nicht in der Selbstentfaltung des Individuums, sondern im absoluten Gehorsam gegenüber Allah. Es gibt kein Verhandeln mit Gott, wie es im Alten Testament immer wieder deutlich wird. Nach islamischem Glauben haben alle Menschen bereits in der Präexistenz bezeugt, dass sie Muslime sind. Deswegen gehört es aus islamischer Sicht *zur Natur des Menschen schlechthin*, Muslim zu sein. Nicht Muslim zu sein, ist somit eine Auflehnung nicht nur gegen die Gebote Allahs, sondern gegen die von Allah gewollte und geschaffene Natur des Menschen – geradezu eine Perversion. Mit solchen Verworfenen kann es keine Gemeinschaft geben. Daher liegt die Bestimmung der Muslime in ihrer durch Allah gegründeten Vereinigung als Gleiche, der Umma, als der Gemeinschaft derer, die sich Allah unterwerfen und nach seinen Geboten leben. Vor Allah gerechtfertigt kann nur sein, wer dieser Gemeinschaft angehört und sich für sie einsetzt. Deshalb trägt der Islam kollektivistische Züge, das Christentum hingegen ist individualistisch. Und so ist auch die Rechtskultur unterschiedlich gestaltet. Die Beziehungen zu Menschen, die nicht zu dieser Gemeinschaft gehören und damit von vornherein sittlich minderwertig sind, sind anders, als zu den Menschen, die dazu gehören.

Eines der vorrangigsten Menschenrechte betrifft die Freiheit. Frei zu sein, ist eine ganz entscheidende Folge, wenn wir davon ausgehen, dass der Mensch in Ebenbildlichkeit Gottes geschaffen wurde. Aber genau diese Freiheit fehlt in einem islamisch geprägten Gemeinwesen, was Andersgläubige oder Frauen anbelangt, und sie umfasst auch für die Muslime selbst, einschließlich gewählter Volksvertreter, keinesfalls das Recht, sich über die Normen des islamischen Rechts, der Scharia hinwegzusetzen. Eine Demokratie abendländischer Prägung ist aus diesem Grund mit dem islamischen Staats- und Rechtsverständnis nicht vereinbar. Um es deutlich zu sagen: Koran, Hadithen und Scharia verstoßen gegen die Verfassung der Bundesrepublik Deutschland, insbesondere gegen deren zentralen Wert der unantastbaren Menschenwürde. Dieser Gedanke leitet sich unmittelbar vom christlichen Menschenbild her: Dass der Mensch das Ebenbild Gottes und daher zur sittlichen Autonomie bestimmt ist – dies als Grundwert der Verfassung zu verankern war für die Väter des Grundgesetzes die notwendige Konsequenz aus den Schreckensjahren der Nationalsozialisten, die den Menschen zum Objekt und Instrument ihres Herrschafts- und Vernichtungswillens erniedrigt hatten.

Eine weitere Eigenschaft, neben der Schöpferrolle, wird Gott und Allah zugesprochen, nämlich die Barmherzigkeit. Doch wird Barmherzigkeit unterschiedlich beschrieben. Der Gott der Bibel ist berechenbar, er ist treu, er steht zu einem einmal gegebenen Wort. Nicht so bei Allah. Die Entscheidung ist im Gericht nicht festgelegt. Damit verbirgt sich hinter dem Begriff Barmherzigkeit auch Willkür, denn es ist nicht einsichtig, wie sich Allah entscheidet.

Das Empfinden der Willkür aus christlicher Sicht hat etwas

mit dem Verständnis der Allmacht zu tun. Allah wird im Koran kontinuierlich als der Allmächtige beschrieben. Für diese Allmacht gibt es keine Grenze. Deshalb kann Allah so oder so entscheiden. Bei Gott gibt es eine von Gott selbst gesetzte Grenze: Sie ist markiert durch die Persönlichkeit und damit auch die von Gott akzeptierte Entscheidungsfreiheit des einzelnen Menschen (Ebenbildlichkeit zu Gott). So wie im christlichen Menschenbild sich das Ich im Bezug zum Du zu begreifen hat, und hier seine Grenze findet und demnach Willkür nicht walten darf, so auch bei Gott. Das empfinden manche Menschen als paradox, wie kann ein Gott der Liebe dies oder jenes zulassen? Wie kann er sogar einen fehlerhaften Menschen annehmen, wieso benutzt Gott Menschen, um seinen Heilsplan mit der Welt zu verwirklichen, Menschen, die selbst schwach und fehlerhaft sind, wieso, wenn er allmächtig ist? Als Schöpfer des Universums ist er per se allmächtig. Aber hier liegt eine Selbstbindung Gottes aus Liebe zu seiner Schöpfung vor. Wer sie begreift, kann die Tiefe christlicher Botschaft erfassen.

Das Handeln des Menschen und das Gottes

Biblische Aussagen wie: *„Wie viele ihn aber aufnahmen, denen gab er Macht, Kinder Gottes zu werden, die an seinen Namen glauben, die nicht aus dem Blut noch aus dem Willen des Fleisches noch aus dem Willen eines Mannes, sondern von Gott geboren sind."* *(Joh. 1.12-13)*[1] würden schon fundamental gegen islamisches Verständnis verstoßen. Denn einmal können wir auf Grund der Eigenschaften Allahs nicht ein Kind von ihm sein, zum anderen wäre es undenkbar ,einen Rechtsanspruch („Macht"!) gegen Allah geltend machen zu können. So steht z.B. in der 3. Sure ein Gebet, *„Unser Herr, ... vergib uns ... unsre Sünden" (Koran 3/193)*[2]. Allah antwortet: *„Siehe, ich lasse nicht verloren gehen das Werk des Wirkenden unter euch" (3/195),* das bedeutet: gute und schlechte Taten, die dann abgewogen werden. Nur bei denjenigen, die auf Allahs Weg Leid erlitten haben, gekämpft haben und getötet worden sind, wird Allah auf jeden Fall die Missetat sühnen. Sie kommen nicht in das Gericht, sondern ihnen ist das Paradies zugesichert. Die Androhung des Gerichtes ist eine Quelle der Angst. Das erklärt u. a. die geringe Hemmschwelle, den eigenen Tod im Dschihad zu erleiden. Freilich spielt hier auch der Hass auf die westliche Zivilisation eine Rolle, da deren offenkundige Überlegenheit den Wahrheitsanspruch des Islam und den religiös begründeten Überlegenheitsanspruch vieler Muslime in Frage stellt. Mancher stirbt lieber, als diese Kränkung zu ertragen.

---

1 Alle Bibelzitate gemäß der Lutherbibel in der revidierten Fassung von 1984
2 Alle Koranzitate nach der Übersetzung von Max Henning, Der Koran, Stuttgart 1991. An dieser Stelle sei darauf hingewiesen, dass die Verszählung nicht einheitlich geregelt ist, unterschiedliche Übersetzungen daher in der Verszählung voneinander abweichen können. Henning orientiert sich an der kufischen Verszählung der offiziellen ägyptischen Koranausgabe.

Der Gott der Bibel hat hingegen mit den Menschen immer wieder Bündnisse gesucht, so auch mit Israel. Und auf Grund dieser Bündniszusage versichert er: *„Ich tilge Deine Missetat ..., ... ich erlöse dich!"* (Jesaja 44.22). Dort, wo Allah zusagt, Sünden zu vergeben, bleibt immer noch die offene Gerichtsentscheidung, sie hängt ab von der Bilanz der guten und schlechten Leistungen und einem Gerichtswort, dass sich nicht an eine Bündnisverpflichtung gebunden fühlt. Nichts, nicht Vernunft noch Gerechtigkeit, und nicht einmal die so oft hervorgehobene Barmherzigkeit, begründet im Islam eine *Selbstbindung* Allahs. Dessen uneingeschränkte Allmacht bleibt stets erhalten.

Nun mag vielleicht mancher sagen, Papier ist geduldig, der eine schreibt das so, der andere so, denn nachprüfen können wir ja nicht, wie das Gericht am Jüngsten Tag aussieht. Aber dieser Einwand stimmt nicht. Denn die Bündniszusage, die Gott Israel bzw. dem Stammvater Abraham vor 4.000 Jahren gegeben hat, hat Gott eingehalten. Zum Beispiel 1948, als der Staat Israel nach dem Holocoust gegründet wurde (siehe u.a. Hesekiel 37). Gericht über Israel und Bündniszusage, beides ist eingetroffen, wie vielfach von den Propheten vorausgesagt. D.h. die Propheten haben keine Wahrsagerei betrieben, sondern Konsequenzen Gottes auf Grund des Handelns von Menschen aufgezeigt. Wir können also auch die Zusagen verbindlich werten, die Gott denjenigen gibt, die sein erneuertes Bündnisangebot durch Jesus annehmen. Gott hält seine Zusagen und Bündnisverpflichtungen. Die Geschichte hat den Wahrheitsbeweis angetreten.

Dieser Gedanke des Bundes zwischen Gott und dem Menschen, ist dem Islam fremd. Zwischen Allah und dem Menschen liegt ein unermesslicher Abgrund. Ein Moslem würde hier einhaken, denn im Koran steht, dass Allah uns näher ist als die eigene Halsschlagader. Und doch ist es nicht die Nähe, wie sie die Bibel beschreibt. Allah ist der Erhabene und weit weg Erhobene, der aber gleichzeitig unser Schicksal entscheidend prägt. Es käme einer Lästerung Allahs gleich, ihn als Vater der Menschen zu beschreiben.

Das ist im Christentum anders: Gott ist der Vater. Dieses Vatersein Gottes in der Bibel hat eine tiefe Konsequenz: Gott leidet mit dem Menschen, aber Gott ist für seine Kinder immer da. Jesus hat dies anschaulich mit dem Beispiel des verlorenen Sohnes dargestellt: des Sohnes, der sein Erbe mit Huren durchbringt. In der so selbstverschuldeten Not kehrt er wieder zurück und ist bereit, nur als Knecht, nicht als Sohn im Hause seines Vaters zu leben. Doch der Vater nimmt ihn mit Freuden als Sohn auf. *„Dieser dein Bruder"* sagt der Vater zu dem anderen Sohn, der ihm deshalb Vorwürfe macht, *„war tot, und ist wieder lebendig geworden; er war verloren und ist wiedergefunden"* (Lukas 15.32). Ein im Islam undenkbares Modell. Wer sich von Allah abwendet, ist des Todes würdig. Und ein solches Todesurteil wurde und wird, auch innerhalb der Familie, schnell vollstreckt. Auf eine Umkehr zu hoffen, ja zu ringen, dass der Verlorene wieder zurückkommt, hat etwas mit der Liebe Gottes zu dem Menschen zu tun.

Liebe

Und damit kommen wir zu dem wichtigsten Unterscheidungsmerkmal: Der Gott des Evangeliums ist Liebe. Es gehört zur Wesenseigenschaft Gottes zu lieben. Wenn sich der gnädige und barmherzige Allah den Menschen zuneigt, dann bedeutet das, dass er ihnen für seine Offenbarung das Ohr öffnet und sie den richtigen Weg führt. Allah erlegt den Menschen Prüfungen in ihrem Erdenleben auf, und er erbarmt sich über sie. Die Liebe steht aber nicht im Zentrum des Koran, sondern das Bekenntnis zur Einzigartigkeit und Einsheit Allahs. Bemerkenswert finde ich die Sure 3.32: *„Sprich, so ihr Allah liebet, so folget mir. Lieben wird euch Allah und wird euch eure Sünden verzeihen."* Aber hier trifft der Begriff Liebe nicht mehr zu. Wenn ich jemanden liebe, nur wenn er mich liebt, dann ist das keine Liebe. Das stellt übrigens Jesus in der sogenannten Bergpredigt ganz deutlich heraus: *„Und wenn ihr die liebt, die euch lieben, welchen Dank habt ihr davon? Denn auch die Sünder lieben ihre Freunde."* (Lukas 6.32). Liebe ist nicht an Bedingungen der Gegenseitigkeit geknüpft, sondern Liebe bewirkt bedingungsloses Geben, wie dies Jesus mit dem Beispiel des barmherzigen Samariters verdeutlicht, der ohne nach Lohn zu fragen einem am Wegesrand liegenden Ausgeraubten hilft und Geld für seine Versorgung bereitstellt. Auch bei Liebenden ist die Gleichstellung von Geliebten und Liebenden Voraussetzung, aber die Jenseitigkeit Allahs verbietet eine solche Gleichstellung. Gott hat sich durch Jesus dem Menschen gleichgestellt. Und weil Gott Liebe ist, geht alle Liebe von Gott aus, während der moslemische Mystiker sich in Versenkung in die Liebe zu Gott hineinempfindet, aber nicht weiß, ob Allah *ihn* liebt. Die Liebe Gottes hingegen gilt auch denen, die ihn nicht lieben. Deshalb lehrte Jesus, auch unsere Feinde zu lieben.

Wir hatten eingangs festgestellt, dass unser Bild von Gott auch das Bild der Menschen prägt. Ebenbildlichkeit! Gott vergleicht die auf Liebe gründende Gemeinschaft des Menschen zu ihm mit einer Ehe. Dies ist schon im Alten Testament so, der Prophet Hosea beschreibt diesen Gedanken anschaulich. Jesus bezeichnet sich als den Bräutigam und die Gemeinde als die Braut. Er lädt uns zu einem Hochzeitsmahl ein. Das sind Bilder mit einer tiefen Aussage und Wirkung. In der vom Christentum geprägten Kultur soll die Ehe ein Liebesbund sein. Damit dürfen auch keine Alternativen bestehen, also keine Polygamie. Die Ehe ist unauflöslich und soll halten in guten wie in bösen Tagen.

Anders im Islam: Die Ehe gründet nicht auf Liebe, zumindest gehört dies nicht zur islamischen Auffassung von der Ehe. Sie ist ein Vertrag, der bestimmten Zwecken dient, der Vermehrung und der Versorgung. Dieser Vertrag kann aufgelöst werden, wenn die Voraussetzungen fehlen. Eine gravierende ekelerregende Krankheit, geistige Schwäche usw. wären Gründe, eine Ehe aufzulösen. Polygamie ist gestattet. Für einen von der abendländischen Kultur geprägten Menschen ist dieses Eheverständnis und die Rolle der Frau nicht nachvollziehbar. Wir meinen, wie eingangs schon verdeutlicht, unsere Vorstellung einer Ehe verstehe sich von selbst. Doch *selbstverständlich* ist dies leider nicht einmal mehr bei uns, in unserer modernen Welt, in der sich Menschen selbst Normen nach Gutdünken geben oder, wie es heute heißt, im Diskurs festlegen. Dieses jeweils so unterschiedliche Verständnis ist geprägt von dem unterschiedlichen Gottesbild und damit auch dem Bild, das wir von Menschen haben. Die auf Liebe gründende Ehe macht deutlich, dass der Mensch nicht für sich selbst da ist und eine Bindung nicht durch das dreimalige Sprechen „*Ich verstoße Dich*", wie im Islam, beendet werden kann. Unsere Ehevorstellung wurzelt im Bild eines liebenden

Gottes, der mit uns einen ewigen Bund schließen will. Vielen ist es nicht bewusst, doch dieses Eheverständnis gibt es nur in der jüdisch-christlichen Kultur.

Drei Eigenschaften der Liebe möchte ich hervorheben: die der Nähe, der Liebende sucht Nähe, die der Hingabe, der Liebende gibt sich hin, und die der Freiheit, der Liebende übt keinen Zwang und keine Macht aus, um Anerkennung zu erreichen. Wer diese Eigenschaft der Liebe begriffen hat, kommt nicht umhin, zu verstehen, dass für einen liebenden Gott der Weg, den er mit Jesus ging, folgerichtig ist. Denn Jesus verkörpert die Nähe und die Hingabe. Und Jesus schenkt uns nicht nur die Freiheit von dieser Welt, sondern er lässt uns die Freiheit. Die Nachfolge Jesu ist immer freiwillig. Alle drei Eigenschaften Nähe, Hingabe und Freiheit fehlen in dieser Form bei Allah.

Wenn aber Gott nicht der Liebende wäre, macht ein Sohn Gottes wenig Sinn, vor allem nicht mit der Biographie von Jesus. Jesus ist nach christlichem Verständnis sowohl Mensch als auch Gott. Er ist nicht zu 30 % Mensch und zu 70 % Gott, sondern jeweils voll und ganz. Das scheint für viele Menschen widersprüchlich zu sein, und damit haben die Moslems auch ihre größten Schwierigkeiten. Jesus bezeichnet sich auch als das Licht. Dies ist geistlich zu verstehen. Aber unsere stoffliche Welt erklärt vieles Geistliche. Und so erklärt auch der physikalische Begriff des Lichtes dieses Phänomen: Wenn Licht durch einen schmalen Spalt fällt, dann treten dort Beugungserscheinungen auf, die wir als Welle wahrnehmen, und wenn es auf eine lichtempfindliche Schicht trifft (wie beim Belichtungsmesser), dann treten dort Erscheinungen auf, die wir als Teilchen richtig beschreiben. Im einen Fall nehmen wir nur Welle, im anderen Fall nur Teilchen wahr. Und so ist Jesus wahrer Mensch, und als solcher wurde er wahrgenommen, und wahrer Gott, wie er von denen wahrgenommen wurde und wird, die sich ihm öffnen. Er verkörpert die Liebe Gottes. Es sind also nicht Worte, die besagen „Gott liebt", oder „Gott ist barmherzig", sondern die Liebe Gottes wird wahr und sichtbar für uns in der Existenz und Hingabe von Jesus.

Entsprechend will auch Jesus von uns ein Hingeben an ihn. Wer Jesus nachfolgen will, soll egoistische Bindungen hinten an stellen. Jesus verdeutlicht dies mit dem Satz: *Wer sein Leben erhalten will, wird es verlieren, wer aber sein Leben verliert um meinetwillen, der wird es finden* (Matthäus 16.25). Anders ausgedrückt, wer in der Erfüllung seiner vom Egoismus geprägten Bedürfnisse die Erfüllung des Lebens sieht, verkennt was Leben bedeutet. Da dieses Leben, nach christlichem Verständnis aus der Liebe Gottes geschaffen wurde, kann es nur über die Liebe zum Schöpfer des Lebens gefunden und erfahren werden. Noch deutlicher wird der Unterschied im Vergleich zum naturphilosophischen Weltbild unserer Tage, nachdem sich das Leben selbst aus einem Weltgesetz entwickelt haben soll. Hier genießt der eigene Vorteil Priorität, Liebe wird bestenfalls als ein im Entwicklungsprozess fehlgeleiteter Altruismus beschrieben, während nach dem Evangelium die Liebe zu Gott und zu dem Nächsten wie zu einem selbst als Grundlage des Lebens verstanden wird.

Liebe darf nicht funktional entwertet werden, zu „lieben" um sich selbst den Platz im Himmel oder Paradies zu sichern. Auch an dieser Stelle zeigt sich, wie scheinbare Ähnlichkeiten der Botschaft Gegenteiliges beinhalten können. Liebe für den eigenen Vorteil zu instrumentalisieren ist allerdings nicht nur dem Islam gemein, sondern auch dem Buddhismus, den Zeugen Jehova und vielen anderen und wird auch von etlichen christlichen Gruppen so verstanden.

Jesus im Koran

Der Koran vermittelt ein selektives Bild von Jesus, keine geschlossene Darstellung; in 93 verstreuten Versen wird auf Jesus bezug genommen. Aber Christus Jesus, der Sohn der Maria wird im Koran als der nur *Gesandte* Allahs beschrieben. Jesus wird als *ein* Wort Gottes, aber nicht als *das* Wort Gottes bezeichnet. Er wird auch siebenmal als Geist Gottes bezeichnet, während der Heilige Geist, als die dritte Person des Dreieinen Gottes nicht vorkommt, der christliche Glaube an die Trinität wird irrtümlich mit der Maria neben Gott und Jesus beschrieben.

Für den Islam ist die Geburt von Jesus aus der Jungfrau Maria der Beweis für die Allmacht Allahs. Diese Geburt ohne einen Zeuger wäre nicht mehr als eines von vielen Wundern. Die in der Bibel beschriebene künstliche Befruchtung durch den heiligen Geist (im Wege einer körperlosen Informationsübertragung und nicht durch Sperma) ist hingegen in sich logisch und steht faktisch wie theologisch in einem ganz anderen Kontext, als es der islamischen Vorstellung entspräche. Denn um die Linie Adams, d.h. die Abstammungslinie des von Gott abgefallenen Menschen zu durchbrechen, schuf Gott durch seinen Geist neu. Unter der Voraussetzung, dass der Mensch in die Erbsünde verstrickt ist, ist diese Durchbrechung notwendig; aber gerade der Gedanke der Erbsünde ist dem Islam fremd. Wir werden darauf zurückkommen. Es wiederholt sich in der Geburt Jesu aus der Jungfrau die Schilderung der Genesis, wo Gottes Geist über den Wassern schwebt und Neues wird. Erfahrungsgemäß kann Neuartiges auch in der von Menschen gestalteten Welt nur durch Denken, also durch menschlichen Geist entstehen. Und Geist und damit zusammenhängende Information kann erfahrungsgemäß auch körperlos, also ohne einen Datenträger (in diesem Fall Sperma), übertragen werden.

Jesus verkündet seinen Jüngern, wenn er nicht mehr auf der Erde sein wird, dann *will ich den Vater bitten, und er wird euch einen anderen Tröster (Fürsprecher) geben, dass er bei euch sei ewiglich: den Geist der Wahrheit, welchen die Welt nicht kann empfangen, denn sie sieht ihn nicht und kennt ihn nicht. (Joh.14.16 und 17).* Gemäß islamischer Lehre soll Mohammed dieser Tröster bzw. Fürsprecher sein. Sowohl die Zeugung Jesu, als auch Tod und Auferstehung gehören zum Proprium christlicher Botschaft, wie auch, dass der Geist Gottes Pfingsten über die Gemeinde Jesu kam und bis heute wirkt und nicht, dass ein neuer Prophet kommt. Solche hat zwar Jesus vorausgesagt, aber als seine Gegner bezeichnet.

Der Koran leugnet nicht nur, dass Jesus am Kreuz gestorben ist, sondern dass er bislang überhaupt gestorben ist. In der vierten Sure 157 bis 159 steht: *„Doch ermordeten sie ihn nicht und kreuzigten sie ihn nicht, sondern einen ihm Ähnlichen (...) Sondern es erhöhte ihn Allah zu Sich ... Und wahrlich vom Volke der Schrift wird jeder an ihn glauben vor seinem Tode (Fußnote i.O.: „Dies geht wahrscheinlich auf den Tod Jesu nach seiner Wiederkunft, nachdem er den Antichrist erschlagen hat.“); und am Tag der Auferstehung wird er wider sie Zeuge sein.“* Jesus stirbt also erst nach seiner Wiederkunft, in der Zwischenzeit, seit dem 1. Jahrhundert, ist er bei Allah.

Wer das Leiden und Sterben von Christus verstehen will, muss die Sündhaftigkeit des Menschen verstehen. Und hier unterscheiden sich die meisten Religionen, Philosophien und alle Ideologien der Welt von der biblischen Offenbarung. Deshalb kennen sie keinen Heiland. Gemäß biblischer Offenbarung ist der Mensch von Gott durch eigenes Verschulden abgefallen. Der Mensch, also Adam, ist abgefallen, d.h. die gesamte Menschheit. Sie trägt den Keim des Abgefallenseins in sich. Deshalb kann zwar der Mensch das Gute wollen, aber nicht immer bewirken. Dieser Gedanke ist dem Islam so wie sämtlichen Weltbildern, wie Humanismus, Buddhismus, Kommunismus usw. fremd. Der Mensch kann angeblich alleine, auf sich gestellt, das Gute bewirken. Die Geschichte der Menschheit bestätigt jedoch das Gegenteil: Je heiler und idealer die Ziele eines sich selbst als edel empfindenden Menschen waren, desto abgrundtiefer waren meist die Folgen seines Tuns. Auch die Erkenntnisse der Psychologie würden eher Paulus Recht geben, der schreibt: *„Das Gute, das ich tun will, das tue ich nicht; sondern das Böse, das ich nicht will, das tue ich.* (Römer 7. 19). Es ist die geschichtliche Erfahrung, die der biblischen Aussage über den Adam recht gibt und deshalb ist der geschichtliche Jesus die für uns verständliche Konsequenz Gottes.

Wie Jesus von Mohammed dargestellt wird, lässt sich im Koran nachlesen. Wie Jesus Mohammed beurteilen würde, können wir nur schlussfolgern. Der zum Christentum konvertierte ehemalige Dozent an der Al Azhar Universität in Kairo, Mark A. Gabriel, meinte in dem Buch *Jesus und Mohammed*, vielleicht lasse sich das Wort von Jesus darauf anwenden: *An ihren Früchten werdet ihr sie erkennen.* Da es Jesus um das Vertrauen und um die im Leben umgesetzte Liebe geht, wäre als Frucht im Sinne von Jesus nicht das Gründen eines großen Reiches und das Verbreiten einer Lehre, die durch den Einsatz von Gewalt zu ihren Zielen kam, die erstrebenswerte Frucht, sondern auch das Vergeben der Schuld des Anderen, da wir selbst auch schuldig sind.

So unterscheiden sich beide im Urteilen. Jesus, der Liebe und Vergebung der Sünden predigte, sollte in einen Konflikt mit dem mosaischen Gesetz gebracht werden, das als Strafe für Ehebruch die Steinigung vorsieht. Jesus löste den Konflikt, indem er die Ankläger aufforderte: W*er ohne Sünde ist, werfe den ersten Stein.* Mohammed, vor eine vergleichbare

Situation gestellt, ließ die Frau, nachdem sie das im Ehebruch gezeugte Kind entwöhnt hatte, steinigen.

Diese unterschiedlichen Verhaltensweisen haben etwas mit dem unterschiedlichen Verständnis zu tun, wie und warum der Mensch so ist, wie er ist. Warum er das Böse tut, auch wenn er es, wie das oben von Paulus erwähnte Zitat zeigt, nicht will.

Für Christen ist die die notwendige Konsequenz der Erbsünde: Adam hat durch seine Sünde sich und seine Nachkommen, also die gesamte Menschheit, in das Schicksal verstrickt, von Gott getrennt zu sein (Das Wort „Sünde" bezeichnet die Ab*sonderung* von Gott.). Dies bedeutet, dass der Mensch von Natur aus dazu neigt, dem Schwergewicht des Diesseitigen, Irdischen, Fleischlichen und Sinnlichen zu verfallen. Die Hinwendung zu Gott, dem nicht Sichtbaren, dem Jenseitigen, muss er seiner sündhaften Natur abtrotzen, wohl wissend, dass er die Rückkehr zum Einssein mit Gott aus eigener Kraft nicht erreichen kann, sondern der Gnade Gottes bedürftig ist. Die Hinwendung zu Gott bedeutet für Christen, sein Liebesangebot anzunehmen. Gott ist in die Welt gekommen, er will gemeinsam mit dem Menschen in seiner Schöpfung leben. Also überwindet Gott die Trennung.

Für den Islam dagegen war die Entscheidung Adams nicht eine Aufhebung des Einsseins mit Allah – denn der Mensch kann niemals mit seinem Schöpfer einssein –, sondern ein Akt des Ungehorsams, für den er bestraft worden ist. Jeder einzelne Mensch kann aber aus eigener Kraft die gestörte Beziehung zu Allah, die ja eine Gehorsamsbeziehung ist, wiederherstellen, indem er sich seinen Geboten fügt, d.h. im Einklang mit den Geboten des Islam lebt. Er muss Gesetze befolgen, um in das Paradies zu kommen – das Paradies verstanden und beschrieben als Ort des ewigen Lebens, aber auch der Lust, als unendlich verbesserte und üppige Version des diesseitigen

Lebens und nicht, wie im Evangelium, als ein Sein in und mit dem Schöpfer.

Der Fortschrittsdrang des abendländischen Menschen hat seine wahrscheinlich tiefste Wurzel in seinem Wissen um die Unvollkommenheit und Verbesserungsbedürftigkeit des Menschen und der von ihm gestalteten Welt. Für den Moslem ist der Mensch keineswegs naturgemäß unvollkommen und sündhaft, sondern vielmehr so, wie Allah ihn gewollt hat: Er ist „naturgemäß" Moslem. Korrekturbedürftig ist die Welt und der Mensch allenfalls insofern, als sie nicht moslemisch genug sind, der Gehorsam gegenüber Allah also nicht allgemein ist; nicht aber in dem Sinne, dass Gewalt, Krieg, Sklaverei, Unterdrückung etc. abgeschafft werden müssten, jedenfalls nicht, soweit sie von der Scharia erlaubt oder gar geboten sind – was sie vielfach tatsächlich *sind*. Der Islam kennt anders als das Christentum keine prinzipielle Ächtung der Gewalt, er *kann* sie seinem theologischen Ansatz nach auch gar nicht kennen. Er *ächtet* die Gewalt nicht, er *regelt* sie.

Allah hat dem Menschen Wege in das jenseitige Paradies aufgezeigt. Weg! Jesus bezeichnet sich als Weg. Auch hier ist der Unterschied deutlich. Scharia, das Gesetz im Islam kommt von dem Wort Schari, d.h. Weg. Scharia heißt eigentlich der Weg zur Quelle. Und Jesus sagt, er sei die Quelle des Wassers, das wir zum Leben brauchen.

Die unterschiedliche Wertung

Das wahre Menschenbild zeigt sich nicht, wenn man Gesinnungsgenossen untereinander betrachtet, sondern im Verhältnis zum anderen, dem *Nicht*-Gesinnungsgenossen. Zwei Fälle möchte ich herausgreifen: Das Verhältnis zur Frau und zu Feinden.

Die Botschaft des Islam bevorzugt den Mann, auch wenn die Frau sich im Islam besser steht als in der vorislamischen, arabisch-heidnischen Kultur. Aber Jesus hatte 600 Jahre vor Mohammed etwas ganz anderes gelehrt: Die Gleichstellung der Frau ist, was viele nicht wissen, christliches Erbe. Insofern stellt der Islam einen Rückschritt dar. Die Frau hat dort mindere Rechte, das zeigt sich zum Beispiel in der gestatteten Polygamie, dem Scheidungsrecht, der Zeugenaussage (die Aussagen von zwei Frauen haben vor Gericht das gleiche Gewicht wie die eines Mannes), auch dem Recht der Züchtigung der Frau, und dass der Mann, wenn er mit seiner Frau zusammen war, unrein ist und sich reinigen muss. Es wäre für einen Moslem undenkbar, wenn ein Paar händchenhaltend einer Predigt lauschen oder gar beten würde. Die im christlichen Abendland mühsam erkämpften Menschenrechte auch für die Frau gibt es in der islamischen Kultur nicht. Dass auch im entchristianisierten Abendland durch Feminismus, Gender-Mainstream einerseits und Pornographie andererseits die Würde der Frau beschädigt wird, bestätigt die eingangs formulierte These: Das Menschenbild ist ein Spiegel des Gottesbildes. Fehlt es, verliert der Mensch seine Würde. Die Erfahrung lehrt, dass es zuerst die Frauen trifft.

Und wie betrachtet der Islam den Feind? Feind ist schon der Ungläubige: Heiden haben nach islamischem Recht unter der Herrschaft von Muslimen die Wahl zwischen Bekehrung und Tod. Christen und Juden dürfen in einem islamisch geprägten Gemeinwesen ihren Glauben nur ausüben, wenn sie Tribut zahlen. Dieser Tribut stellt in der Sache wie seiner islamrechtlichen Begründung nach eine Strafsteuer dar, mit der die Ungläubigen dafür bezahlen, dass sie nicht zum Islam übertreten und dennoch nicht der Sklaverei verfallen. Der bedeutende mittelalterliche Rechtsgelehrte Ibn Taimiya, dessen Werke auch heute noch autoritative Geltung haben, umschrieb die Rechte von Muslimen gegenüber Nichtmuslimen so:

„Diese Güter [die Beute] haben die Bezeichnung Fai' bekommen, weil Gott sie den Ungläubigen abgenommen hat, um sie den Muslimen zurückzugeben. Im Prinzip hat Gott die Güter dieser Welt nur geschaffen, damit sie ihm dienen. Die Ungläubigen übergeben also auf ganz erlaubte Weise ihre Person, mit der sie Gott keineswegs dienen, und ihre Güter, die sie keineswegs benutzen, um Gott zu dienen, den treuen Gläubigen, die Gott dienen; Gott gibt das ihnen Zustehende zurück. So gibt man einem Menschen das Erbe zurück, dessen er beraubt worden ist, selbst wenn er es noch nicht in Besitz genommen hat."[3]

Der Umma steht das Recht zu, die „Ungläubigen" zu berauben, zu versklaven und zu töten. Wollen sie dieser Konsequenz entgehen, müssen sie Tribut entrichten.

Der Islam kennt keine Wechselseitigkeit von Rechten und Pflichten zwischen Muslimen und Nichtmuslimen, er baut vielmehr auf der Idee ihrer wesensmäßigen Ungleichheit auf: Es gibt daher keineswegs universelle Menschenrechte. Selbst das Tötungsverbot – für uns die scheinbar selbstverständlichste aller moralischen und rechtlichen Normen – schützt ausschließlich Muslime. Die Ungläubigen schützt es insbesondere dann nicht, wenn sie sich der Herrschaft des Islam

---

3 zit. nach Bat Ye'Or, Der Niedergang des orientalischen Christentums unter dem Islam, Gräfelfing 2002, S.319. Gemäß der hier verwendeten Terminologie müsste statt „Gott" „Allah" stehen, da es um islamische Vorstellungen geht.

und der Scharia widersetzen. Die Ausbreitung des Islam als einer von Allah gegebenen Rechtsordnung, aus deren Sicht es, wie gesagt, *Unrecht* ist, *kein* Muslim zu sein: *Das* ist das zentrale Gebot, das im Konfliktfall alle anderen Gebote verdrängt: Der Ungläubige darf auch angelogen (Taquiya) und betrogen werden, wenn es der Sache des Islam dient. Mohammed lieferte entsprechende Beispiele, und Allah wird im Koran an vielen Stellen als listig beschrieben. Nur die gläubigen Moslems untereinander, also Männer identischer Glaubensrichtung, sollen sich untereinander so verhalten, wie es dem biblischen Menschenbild entspräche, denn nur sie sind füreinander Gleiche, deren Rechte und Pflichten auf Gegenseitigkeit beruhen.

Taquiya wird nicht nur als Mittel der Ausbreitung des Islam verstanden, sondern auch als Notlüge in Lebensgefahr, also als eine entschuldbare Bekenntnisverletzung. Dies ist dem Evangelium fremd. Jesus sagt: *Wer mich bekennt vor den Menschen, den will ich auch bekennen vor meinem himmlischen Vater. Wer mich aber verleugnet, den will ich auch verleugnen vor meinem himmlischen Vater* (Matthäus 10.32,33). Petrus bediente sich bei der Gefangennahme Jesu der Notlüge, doch er bereute zutiefst. Seine Lüge war nicht gerechtfertigt, aber die Reue wurde von Jesus angenommen. Später hat er wegen seines Bekenntnisses den Kreuzestod erlitten, wie Millionen Märtyrer nach ihm.

In der islamischen Kultur hat die Gemeinschaft in der Familie und Sippe einen in der Regel höheren Rang als mittlerweile in dem entchristianisierten Abendland. Der Sozialversicherte braucht die Familie nicht. Im Islam dagegen stehen das Funktionieren der familiär begründeten Gemeinschaft und die Ehre der Familie bzw. des Familienoberhauptes allerdings häufig über der Liebe zu einer Tochter oder Sohn, die einen anderen Weg gehen möchten. Das führt zu sehr tragischen

Entwicklungen, Kriminalität bei jungen Männern, Selbstmorde bei jungen Frauen, Ehrenmorde.

Wie sehr das Gottes- und Menschenbild die Beziehungen z.B. in der Familie grundlegend verändert, erleben wir bei uns. Unter dem Einfluss der Entchristianisierung, der Philosophie der Postmoderne, den Gedanken der 68iger, wird die Familie aufgelöst, obwohl jeder erfahrene Kinderpsychologe weiß, dass eine durch Liebe geprägte Familie mit Vater und Mutter, der beste Nährboden für die nachwachsende Generation wäre. Die psychischen Probleme vieler Menschen sind mittlerweile kaum noch zu bewältigen; wir haben uns ein nicht tragfähiges Gottes- und damit Menschenbild angeeignet und das bewährte christliche über Bord geworfen. Dieses gegenwärtige Familienverständnis in Deutschland hat nichts gemein mit der Aussage der Bibel. Hier sind zwar die Aufgabenbereiche von Frau und Mann nicht gleich, wie sie auch von Menschen innerhalb einer christlichen Gemeinde unterschiedlich sind, aber die Gleich*wertigkeit* ist, im Gegensatz zum Islam, gegeben. Paulus geht sogar so weit, dass sich der Mann der Frau so hinzugeben hat, wie Jesus der Gemeinde. Der Grundgedanke des Christentums, dass ein menschenwürdiges Leben auf Gemeinschaft in wechselseitiger Liebe basiert, wird vom Islam wie von der Postmoderne abgelehnt: Ersterer stellt ihr das Prinzip der Unterordnung und des Kollektivismus entgegen, Letztere das eines bindungs- und schrankenlosen hedonistischen Individualismus.

Das Gebet

Als Mohammed zu predigen begann, ging es ihm durchaus darum, die Menschen zu einer inneren, im Herzen empfundenen Hinwendung zu Allah zu bewegen. Nachdem er allerdings seine Anhängerschaft zu einem politischen Gemeinwesen geformt hatte, also nach der Hidschra nach Medina im Jahre 622, wurden die spirituellen Aspekte des Islam mehr und mehr von Vorschriften rechtlicher, politischer und sogar militärischer Natur verdrängt; auch die Religionsausübung selbst wurde durch ein immer dichteres Netz von Vorschriften geregelt. Deshalb überwiegt in der religiösen Praxis das rituelle Gebet, das sogar in der Tradition eine unterschiedliche Wertung erfährt, je nachdem, ob es am Freitag in der Moschee oder gar in Mekka bei der Kaaba gesprochen wird. Dort hat die Rezitation eines Gebetes den 100.000fachen Wert eines Gebetes zu Hause. Jesus lehrt, *wenn Du betest, geh in Dein Kämmerlein.* Dennoch müssen wir festhalten, dass auch der gläubige Muslim im Gebet direkt vor Allah treten kann und keiner Vermittler bedarf. Das Gebot, fünfmal am Tag zu beten, ist grundsätzlich positiv. Paulus erinnert sogar daran, ständig im Gebet mit Gott zu stehen, also unser Denken und Handeln immer vor dem Angesicht Gottes abspielen zu lassen. Jesus lehrt uns, Gott sogar zu bedrängen. Das Wesentliche eines Gebetes sollte jedoch nicht der Ritus sein, sondern das Sichöffnen gegenüber Gott: Gott danken, ihn fragen und ihn bitten. Die Psalmen vermitteln anschauliche Beispiele. Das Evangelium kennt nicht die Pflicht der rituellen Reinigung vor dem Gebet. Jeder kann im Gebet zu Gott kommen, so wie er ist.

Was bedeutet dieses Gegenüber zu Gott, wie es im Gebet deutlich wurde? Was bedeutet das Gegenüber im alltäglichen Bereich? Jeder Lebensbereich – auch der biologische – funktioniert nur in der Beziehung der Lebewesen zueinander. Also geht es Gott um diese Beziehung.

Eine lebendige Beziehung beruht auf Gegenseitigkeit. Das weiß jeder Kaufmann nur zu gut, sonst ginge er Konkurs. Es kann eine Beziehung nicht entstehen, wenn der Mensch zwar fünfmal am Tag verkündet, es gibt keinen Gott außer Gott, aber diese Beziehung nicht lebendig ausgefüllt ist. Diese Kritik kann Christen und Muslime gleichermaßen treffen. Wir müssen dem Wirken Gottes Raum geben, sonst wäre Gott nicht präsent. Werden die Beziehungen zu Gott auf die eigenen Leistungen begrenzt, dann hat Gott keinen Raum zum Wirken. Wirkt nur Gott, gibt es auch keine lebendige Beziehung, der Mensch ist seinem Schicksal unterworfen. Handeln aber beide, und haben beide Raum zu wirken, dann stellt die stabile Grundlage immer das Vertrauen dar. Dies kann jeder Kaufmann aus dem geschäftlichen Alltag bestätigen, denn ohne Vertrauen wäre eine arbeitsteilige Welt undenkbar. Der Christ vertraut also auf das Wirken Gottes, gerade weil er sich seiner Schwachheit bewusst ist, doch im Gebet das Wirken Gottes beeinflussen kann.

Das Gebet steht zweifelsohne im Zentrum des Glaubens. Es soll aber nicht nur unserem Wohl dienen, sondern es steht die Bitte um das Kommen des Reiches Gottes (kein weltliches Imperium), und dass Gottes Wille geschehe, in dem von Jesus gelehrten Gebet an erster Stelle. Gott ist nicht nur für den Menschen da, sondern der Mensch auch für Gott. Darin, dass sie von Gott gebraucht werden, erfahren Menschen Sinn im Leben. Dieses Gebrauchtwerden für Gott baut Jesus in das *Vater Unser* ein.

Als schlechtes Beispiel verweist Jesus auf den „frommen Mann", der betet mit dem Blick auf einen „Sünder": *Herr ich danke dir, dass ich nicht bin wie dieser da.* Aufschlussreich ist die unterschiedliche Wiedergabe der Gebete Salomos und David. Im Koran lesen wir in Sure 27 Vers 15: *„ Und wahrlich, Wir gaben David und Salomo Wissen, und sie sprachen: ‚Das Lob sei Allah, der uns erwählt hat vor vielen seiner gläubigen Diener!‘"* In der Bibel im 2. Samuel 22.2 bis 4 steht das Danklied David: *„ Der Herr ist ... mein Erretter. ... ich rufe an den Herrn, ... so werde ich von meinen Feinden errettet."* Im 1. Buch Könige 3. 9 das Gebet Salomos: *„So wollest du deinem Knecht ein gehorsames Herz geben."* Es geht, gemäß biblischem Bericht, weder David noch seinem Sohn Salomo darum, besser zu sein als die anderen, sondern es geht um Schutz und Kraft, um im Sinne von Gottes Willen zu handeln. Was beide allerdings nach biblischem Bericht nicht taten, aber vor allem bei David Buße und Demut sein Verhältnis zu Gott prägten.

Vertrauen

Das erste Wunder Jesu, also sein erstes göttliches Wirken, von dem der Evangelist Johannes berichtet, ist die bekannte Hochzeit zu Kana. Was geschah dort? Der Wein ging aus, die Leute haben also kräftig gefeiert. Wie reagierte die Mutter von Jesus, Maria? Sie wies Jesus auf die Knappheit hin. Jesus wies sie ab. Aber sie ließ sich nicht beirren, sondern sagte zu den Mundschenken: *Tut was er sagt.* Was steckt hinter dieser Geschichte? Sie gab dem Wirken von Jesus Raum. Unsereiner hätte einen Trupp organisiert, der irgendwo noch Wein besorgt. Aber Jesus lehrt uns statt des Sorgens Vertrauen. Das geht so weit, dass er uns verheißt, wie eingangs erwähnt, *wer mir vertraut, hat das Recht, ein Kind Gottes zu sein.*

Also das, was im Islam nicht nur undenkbar, sondern ein Frevel gegenüber Allah wäre, das Recht zu haben ein Kind Allahs zu sein, wird hier durch eine Herzenshaltung des Menschen begründet. Dieser Mensch kann ein Schurke sein, ein Mörder, wie der eine mit Jesus gekreuzigte, aber er vertraute in der Stunde seines Todes Jesus und war gerettet. Keine Pilgerfahrt, kein Fasten, keine Armensteuer, kein vorgeschriebenes Gebet, sondern nur die Bitte Jesus möge an ihn denken.

Traumtänzerisch? Vertrauen ist das Grundelement menschlichen Lebens. Nur im Vertrauen kann Leben gezeugt und groß gezogen werden, nur bei einem Minimum an Vertrauen funktioniert ein Staat, funktioniert unser Straßenverkehr, unsere Wirtschaft kurzum alle menschlichen Lebensbereiche, warum nicht auch das ewige Leben? Aber diese Lebensgrundlage, Vertrauen als zentralen Angelpunkt menschlichen Lebens, kennt nur die biblische Offenbarung.

Nun lässt sich einwenden, wer mit der Barmherzigkeit Allahs rechnet, vertraut doch auch. Dem liegt aber kein Vertrauen zu Grunde. Warum nicht? Weil Vertrauen Gewissheit des Vertrauenden mit einschließt, sonst würde er nicht vertrauen.

Gewissheit gibt es für den Moslem – wie erwähnt – nur einmal: Wenn er als Märtyrer im Dschihad stirbt. Dann hat er die Gewissheit, in das Paradies zu kommen. Eigentlich passt der Begriff der Gewissheit auch nicht so recht, denn es handelt sich um einen einfachen Tausch: Märtyrertod gegen Paradies.

Dieser Zusammenhang verdeutlicht besonders den Unterschied zwischen Islam und Christentum. Es ist nicht die Liebe zu Gott und zum Nächsten, welche Gewissheit des ewigen Heils vermittelt, sondern die eigene Leistung, eigentlich der Kampf mit Ungläubigen.

Um es noch mehr zu verdeutlichen: Die einzige Gewissheit im Glauben des Moslems geschieht durch Selbstaufopferung im Kampf. Das Phänomen des Terrorismus, die Selbstmordaktionen finden auch in diesem Gedanken ihren Nährboden.

Liest man den Koran, so fällt die sich ständig wiederholende Aussage *Es gibt keinen Gott außer Allah* auf. Dies beinhaltet ausdrücklich eine Abgrenzung nicht nur zum arabischen Polytheismus zur Zeit von Mohammed, sondern auch gegenüber Jesus Christus als dem Sohn Gottes. Dies, ergänzt um die koranischen Aussagen, dass Jesus nicht gekreuzigt worden und gestorben sein soll, ist der nächste neuralgische Punkt.

Die Bedeutung der Geschichte

Warum musste Jesus sterben? Eine Frage, mit der viele Menschen auch hierzulande hadern, heute mehr denn je. Wieder müssen wir bei Adam beginnen, und zwar so, wie die Bibel – und nicht der Koran – berichtet. Adam hat wissentlich die enge Verbindung zu Gott aufgekündigt, weil er sein wollte wie Gott. Dies ist nicht als ein Urzeitmärchen zu verstehen, das uns die sogenannte Erbsünde eingebrockt hat, sondern dieser Vorgang spiegelt den uns beherrschenden Zeitgeist wieder. Gott wird ausgeklammert, vor allem wenn es darum geht, festzustellen, was erlaubt ist, d.h. was wir als gut oder böse deklarieren. Normen legen wir selbst fest, und die ändern sich mit dem Zeitgeist: Man denke an die Rassegesetze, Euthanasie, Abtreibung, Umgang mit Embryonen, Sterbehilfe (besser: Tötungshilfe), Eherecht, Diebstahl usw. Adam, d.h. *der Mensch* hat also die Verbindung zu Gott aufgekündigt. Wenn eine Verbindung getrennt ist, dann ist sie tot.

Der Tod ist die Konsequenz der gestörten Verbindung zu Gott. Nun wollte Gott aber Leben. Leben funktioniert, wenn unterschiedliche Lebewesen in Beziehung stehen. Dies gilt nicht nur für die Symbiose in der Natur, sondern auch zwischen Menschen: also Mann und Frau, zwischen Verkäufer und Kunde, Darbietendem und Empfangendem. Wenn wir alle gleich wären und genau die gleichen Informationen hätten, dann gäbe es keine Gespräche, keine Bücher, keine Darbietungen. Dann wäre jedes soziale und kulturelle Leben tot. Wären alle Menschen Bäcker, würden wir verhungern.

Gott wollte aber Leben, also die Beziehung des Menschen zu ihm. Eine Beziehung, die, wie erwähnt, auf Liebe gründet. Doch wer Liebe will, muss als Erster geben. Und Gott gab als Erster: Er gab seinen Sohn, der Mensch wurde, und somit zeigte Gott, was Liebe und Vertrauen bedeutet. Der Sohn Gottes wurde abgewiesen und getötet, und doch hat Gott dieses Abgewiesensein nicht mit Gewalt beantwortet, sondern die Gewalt dieser Welt erduldet. So hat Gott mit Liebe und nicht mit Gewalt die Trennung, d.h. den Tod, überwunden. Jesus ist auferstanden und hat dem Tod die Macht genommen. Der Schöpfer des Lebens wurde selbst Geschöpf, um die von seinen Geschöpfen verursachte Trennung zu überwinden.

Wer Jesus Christus ablehnt, lehnt damit zugleich den Gott der Liebe ab. Wer Jesus ablehnt, lehnt die *lebendige* Beziehung zu Gott ab.

Jesus ablehnen heißt nicht unbedingt, seine Predigten und Heilungen abzulehnen. Das macht Mohammed nicht, ganz im Gegenteil – wenn er auch im Koran an keiner einzigen Stelle Jesu Liebesbotschaft zitiert oder thematisiert. Die Ablehnung Jesu Christi beruht vielmehr auf der islamischen Lehre, dass es nichts neben dem erhabenen und damit fernen Allah geben darf. Wer Jesus ablehnt, kann ihn als weisen Menschen und von Gott gesandten Lehrer ehren. Das hat Mohammed getan, dabei freilich Jesus als bloßen Vorläufer seiner selbst, Mohammeds, gelten lassen, der genau dasselbe gepredigt habe wie er. Indem er Jesus ablehnt, lehnt er ab, dass es Gott selbst ist, der durch die Übernahme unserer Schuld den Tod, die endgültige Trennung, überwunden hat. Es ist eben nur Gott, der unsere Schuld abnehmen und tragen kann, und nicht wir selber. Und zwar weil der Mensch gegen Gott und nicht gegen sich selbst, wie der Koran lehrt, gesündigt hat.

Genau an dieser Stelle wird deutlich, dass die christliche Botschaft im Entscheidenden mehr ist als eine Lehre. Es geht um das Handeln Gottes, das verändert, und nicht allein um eine Lehre, die unser Verhalten ändern soll. Sicherlich verändert ein Mensch, der sich zu Jesus Christus bekennt, sein Verhalten. So wie ein Moslem, der den Koran verinnerlicht, sein Verhalten verändert. Aber das Entscheidende christlicher Botschaft, ist, dass wir unser Vertrauen auf das Handeln Gottes richten können. So wie Paulus schreibt, dass Gott in den Schwachen mächtig sei. Gerade derjenige, der weiß, dass seine Leistungen unvollkommen sind, selbst wenn sie nach menschlicher Beurteilung großartig wären, der seiner eigenen Unvollkommenheit sich Bewusste gibt dem Handeln Gottes in seinem Leben Raum. Nicht im blinden Annehmen eines Schicksals, sondern in der Herausforderung, welche die Umstände bieten, im Vertrauen auf das Wirken Gottes in Freiheit selbst zu handeln. Und weil Gott grundsätzlich durch Menschen handelt, ist auch das Schicksal kein Kismet, kein vorgegebener determinierter Ablauf, sondern ein zu gestaltender Raum.

In dem Abschnitt *Bibel und Koran* kommen wir auf den geschichtlichen Ablauf zurück. Der entscheidende Wendepunkt in der Geschichte der Menschheit stellt das Leben Jesu, sein Tod und seine Auferstehung dar. Die sogenannte Achsenzeit der Menschheit (Karl Jaspers), also beginnend mit dem 6. Jahrhundert vor Christi und dem Wirken von Lao Tse, Konfuzius, Mahavira, Siddharta Gautama (Buddha), Zoroaster und Thales von Milet bis Aristoteles, hat das religiöse und philosophische Denken gravierend verändert, grundlegender als Mohammed im 6. Jahrhundert nach Christi. Doch die von Jesus ausgelöste Veränderung ist gravierender. Die christlich geprägte Kultur hat die Welt nachhaltiger und tiefgreifender verändert.

In der Bibel wird Geschichte beschrieben, aber nicht nur was stattfand, sondern auch was vom Zeitpunkt des jeweiligen Schreibers aus gesehen noch kommen wird. Über 3.000 biblische Prophezeiungen sind bereits eingetreten. Der Koran vermittelt keine Prophezeiungen, er beschreibt auch nicht Geschichte, die zu dem Ziel der Neuschöpfung durch Gottes Geist führt.

Die Gebote und die fünf Säulen

Die Botschaft der Bibel weist uns auf das Du hin. Leben wird nur im Bezug zum Du zur Wirklichkeit. Darin liegt auch der gravierende Unterschied zwischen den zehn Geboten der Bibel und den fünf Säulen des Islam. Die zehn Gebote beginnen mit der Freiheit, die Gott von materieller Abhängigkeit und damit einem falschen Gott verspricht. Gott sagt, *Ich bin **Dein** Gott*. Die Gebote festigen den Bezug zu dem Schöpfer des Lebens, zu den Eltern, besiegeln die Ehe als ewigen Bund und stellen den Menschen in die Verantwortung zu dem Nächsten. Es soll das physische, das psychische und das materielle Leben des Anderen geschützt werden. Es regelt den Bezug zum Du und damit das Leben schlechthin. Es ist nicht ein Katalog, der uns für das Paradies qualifiziert, es handelt sich nicht um Moralregeln, nicht darum, dass der Mensch sich als edel und gut empfindet, sondern Gott sagt, *Ich gab euch die Gebote in der Wüste, damit ihr **lebt***. Es geht um die lebendige Beziehung zu Gott und zu dem Nächsten.

Die fünf Säulen des Islam, das Bekenntnis, dass es keinen Gott außer Allah gibt und Mohammed sein Prophet ist, das Gebet, das Almosengeben, das Fasten und die Pilgerfahrt haben eine andere Gewichtung. Die unterschiedliche Struktur nicht nur der Gebote, sondern dieser beiden Religionen insgesamt wird deutlich, wenn wir das erste Gebot mit der ersten Säule des Islam vergleichen. Im ersten Gebot spricht Gott zu dem Menschen, er bekennt sich zu ihm; in der ersten Säule des Islam wird das Bekenntnis des Moslems zu Allah und Mohammed gefordert. Beim Almosengeben, dem Fasten und der Pilgerfahrt geht es um die eigene Leistung, um religiösen Anforderungen zu genügen, damit der Gläubige gute Werke vorweisen kann. Die Leistung, das Befolgen der Regeln des Islam, ist der Weg in das Paradies.

Dass eine Pilgerfahrt heilsentscheidend sein könnte, steht nicht in der Bibel. Hingegen weist Jesus die Frau aus Samarien am Jakobsbrunnen darauf hin, dass wir Gott überall anbeten können, denn wir beten ihn im Geist und in der Wahrheit an. Es ist das Vertrauen zu Gott, das uns in Ewigkeit mit Gott verbindet.

Wer Jemandem, ob Gott oder Mensch, vertraut, der tut, was jener sagt, sonst würde er ihm nicht vertrauen. Wer sagt, er glaube an Gott, tut aber nicht, was Gott sagt, der vertraut nicht Gott, deshalb ist der Glaube ohne Werke ein toter Glaube. Aber dennoch stellt der Glaube die Grundlage für die Rechtfertigung vor Gott dar und nicht die Leistung ohne Glauben. Dies wird auch deutlich an den unterschiedlichen Opfergaben von Kain und Abel. Das Opfer von Kain entsprach einer Leistung, um sich selbst zu rechtfertigen, das Opfer von Abel geschah im Glauben und Dankbarkeit an Gott, und aus diesem Grund sah Gott Abel gnädig an. Deshalb hat Kain aus Eifersucht den Abel erschlagen. Beide haben geopfert, also eine „Leistung" erbracht, aber die Grundlage, die Einstellung zu Gott, war verschieden. Kain opferte nicht aus vertrauender Liebe, also aus dem Glauben heraus, sondern er versuchte, sich Gott zu verpflichten, ja ihn zu kaufen. Er konnte nicht verstehen, dass in den Augen Gottes das Opfer als solches, wenn es ohne Glauben gebracht wurde, wertlos war. Daher konnte er die Bevorzugung Abels nur als schreiende Ungerechtigkeit empfinden; der Brudermord war für ihn daher die logische Konsequenz.

Diese Betonung der Werkgerechtigkeit, besonders der Versuch, sich den Platz im Paradies durch Leistung zu sichern, ist auch charakteristisch für den Islam, und es ist folgerichtig, dass gerade der auch gewaltsame Kampf für den Islam im Koran als besonders verdienstvoll herausgestellt wird. Es ist unter diesem Gesichtspunkt bemerkenswert, was die Studie des Kriminologischen Forschungsinstitutes Niedersachsen unter Leitung von Christian Pfeifer, nach der 2010 in Deutschland Jugendliche bezüglich ihrer Verhaltensweise befragt wurden, ergeben hat: Nichtgläubige Deutsche, Türken, Araber, ehemalige Jugoslawen usw. weisen etwa die gleiche Gewaltbereitschaft, je nach sozialem Umfeld, auf. Jugendliche Christen sind kaum gewaltbereit, aber gläubige jugendliche Moslems sind es *überdurchschnittlich.*

Bibel und Koran

Bei einem Vergleich zwischen Bibel und Koran wird ein weiterer Unterschied deutlich. Die Bibel besteht aus einer Vielzahl von Büchern, die von rund 40 verschiedenen Autoren verfasst worden sind, Autoren, die sich gegenseitig nicht kannten und in einem Zeitraum von mehr als 1.000 Jahren gelebt haben. Der Koran ist in 22 Jahren von einem Menschen, von Mohammed, nach angeblichen Eingebungen des Engels Gabriel verfasst worden. Somit wird der Koran als das unverrückbare Wort Allahs aufgefasst, das nicht unterschiedlich interpretiert werden kann, bzw. für unterschiedliche Interpretationen wenig Spielraum lässt: Die innere Stringenz der islamischen Theologie lässt keinen Platz für das Paradoxe und Dialektische; der Preis für ihre Einfachheit ist, im Verhältnis zur Bibel, der Verlust an Tiefe.

Die Bibel ist ein Geschichtsbuch, das Personen und Geschehnisse in Verbindung mit Gottes Wirken beschreibt. Personen, die selbst fehlerhaft waren wie wir, aber Gott vertrauten. Abraham zum Beispiel handelte in der Geschichte und begründete damit das Volk Israel und das Land, in dem dieses Volk heute wieder lebt. Sein Leben spiegelt das Vertrauen, das er in den unsichtbaren Gott setzte, wieder, und dasselbe trifft für alle geschichtlichen Personen der Bibel zu, etwa für Joseph, der nach Ägypten verkauft wurde, für Mose, der das Volk aus Ägypten wieder führte und so fort. Personen, die im Vertrauen Gottes Wirken Raum gaben, das dann in Jesus seinen Abschluss und Höhepunkt fand. Der Koran beschreibt diese Personen gänzlich anders. Sie sind angeblich Lehrer – und nicht mehr als dies! – des Eingottglaubens, also seit Abraham Muslime. Sie bezeugen zwar Allah, aber begründen nicht Heilsgeschichte wie in der Bibel.

Grundlage für diese von Mohammed aus dem Alten Testament entlehnten, angeblichen Verkünder des Islam ist nicht das Vertrauen zu Allah. Der im Koran beschriebene Abraham zweifelte an Allah. Er glaubte nicht, dass Allah Tote aufwecken könnte. Abraham forderte also, dem Koran zufolge, von Allah ein Wunder; Allah erfüllt Abrahams Bitte und erweckt vier von Abraham geschlachtete Vögel zum Leben und so erfährt er, dass Allah allmächtig und wissend sei (Sure 2,260). Laut biblischem Bericht hatte aber Abraham *von sich aus* Gott vertraut, auch dass Gott wohl Leben vom Tod erwecken kann – wie sonst sollte aus Isaak ein großes Volk kommen, wenn er vorher getötet werden sollte?

Die biblische Geschichtsauffassung lautet, dass Geschichte in der Wechselwirkung des souveränen Gottes einerseits und eines in seinen Entscheidungen freien Menschen – konkretisiert in den biblischen Gestalten – andererseits entsteht. Geschichtliches Handeln verändert die Gegenwart und beeinflusst damit die Zukunft dieser Welt. Der Mensch ist nicht als Marionette gedacht, sondern steht in der Verantwortung, selbst zu gestalten. Dabei wird im biblischen Bericht deutlich, wie Gott selbst das Versagen von Menschen nutzt, um die Heilsgeschichte zu dem von ihm gesetzten Ziel zu lenken. Am deutlichsten wird dies in der Ablehnung und Tötung von Jesus.

Die Lehre des Koran beschreibt für diejenigen, die nicht Allah und Mohammed anerkennen, jenseitige Höllenqualen; jenseitiges Paradies für diejenigen, deren (im islamischen Sinne) gute Werke überwiegen, und an denen Allah daher im Gericht Barmherzigkeit übt. Aus dem Alten Testament können wir ersehen, wie Gott im Gericht wirkt: die Konsequenz einerseits, die Gnade und das Festhalten an Bündniszusagen andererseits. Die biblisch interpretierte Geschichte Israels erlaubt konkrete Rückschlüsse über das Gericht Gottes. Das geschichtliche Geschehen ist Beleg.

Bei Abraham, wie bei verschiedenen anderen Persönlichkeiten des Alten Testaments, schildert Mohammed Situationen, die seinem eigenen Leben entsprachen, nicht jedoch den Berichten der Bibel. So wollte zum Beispiel der Vater Abrahams angeblich am Götzenkult festhalten und seinen Sohn steinigen. Deshalb soll sich Abraham von seiner Familie getrennt haben. Diese Biographie Abrahams deckt sich nicht mit den älteren Überlieferungen der Thora, sondern diese Darstellung entspricht der Situation aus Mohammeds Leben. Mohammed hat biblische Geschichte für seine Zwecke interpretiert, man könnte auch sagen manipuliert. Nun steht ein Moslem auf dem Standpunkt, Unterschiede zwischen Bibel und Koran hätten mit Verfälschungen der Bibel zu tun, mit denen die Ungläubigen böswillig ihre Ketzereien untermauert hätten; der Koran dagegen befreie die biblischen Überlieferungen von Verfälschungen und vermittele die Wahrheit.

Buch oder Person

Der Islam ist eine Buchreligion, es steht ein Buch, das eine Lehre vertritt, im Mittelpunkt, beim Christentum dagegen eine Person, Jesus Christus. Beim Islam geht es also um eine *Buch*werdung, eine Inlibration, beim Christentum um die *Mensch*werdung Gottes, um die Inkarnation, die der Engel Gabriel Maria verkündete. Nach islamischer Auffassung hat derselbe Engel Mohammed das Gegenteil erzählt, also statt Menschwerdung Buchwerdung mit sich gegenseitig ausschließenden Folgen. Hier handelt es sich nicht um Wortspielerei, Paulus bringt es auf den Punkt, ohne sich mit dem Koran auseinanderzusetzen, denn den gab es zu seiner Zeit noch nicht. *„Solches Vertrauen aber haben wir durch Christus zu Gott, der uns auch tüchtig gemacht hat zu Dienern des neuen Bundes, nicht des Buchstabens sondern des Geistes. Denn der Buchstabe tötet, aber der Geist macht lebendig."* (2. Korinther 3.4, 3.6) Soweit Paulus. In diesem Gedanken kommt das Ineinanderwirken des Dreieinen Gottes deutlich zum Ausdruck, was der Koran mit Vielgötterei bezeichnet und sich damit auf den Buchstaben des Gesetzes zurückzieht. Doch lebendig sein heißt in der Beziehung zu Gott durch seinen Geist zu stehen, und nicht, auf sich selbst gestellt, sich selbst durch Anwenden der Lehre versuchen zu rechtfertigen. Letzteres wäre auch nach biblischem Verständnis ein hoffnungsloses Unterfangen.

Die Menschwerdung Gottes, also das Neue Testament, stellt, wie eingangs erwähnt, die Erfüllung des Alten Testamentes dar. Der neue Bund mit Jesus erweitert den Alten Bund, den Gott mit Israel geschlossen hat, auf die ganze Menschheit und über den Tod hinaus. Es handelt sich aber um das Wirken Gottes in der Geschichte, bei dem die Reiche dieser Welt versinken und der einzelne Mensch Gott gegenübersteht. Der Islam fordert ein Reich *in dieser* Welt, in dem die Scharia gilt, ein Reich also, das von Menschen gemacht wird. Jesus antwortete dem Statthalter des Römischen Imperiums, dass sein Reich nicht von dieser Welt sei. Eine Aussage, die von späteren Sachwaltern der Kirche Jesu nicht immer berücksichtigt worden ist.

Die biblischen Berichte ergänzen sich und erfüllen sich im geschichtlichen Handeln. Der Koran fällt in zwei Teile: die Suren, die in Mekka und diejenigen, die in Medina entstanden sind. Hatte in Mekka, wie erwähnt, noch der spirituelle Aspekt im Vordergrund gestanden, und war dort die Strafe für die Ungläubigen, d.h. für die Gegner Mohammeds, noch Allah und dem Höllenfeuer überlassen worden, so verwandelt sich diese Strafe in den medinensischen Suren in eine zunehmend diesseitige Angelegenheit, weswegen dort auch viel vom Kampf und dem Schwert die Rede ist.

Dies hat etwas mit der geänderten Situation Mohammeds zu tun: In Mekka war er verheiratet mit einer älteren, vermögenden Witwe, die ihn ermunterte, seine Eingebungen festhalten zu lassen. Nach ihrem Tod, und als er aus Mekka vertrieben war, hatte Mohammed ca. 14 Ehefrauen, viele Nebenfrauen und noch mehr Sklavinnen, führte selbst etliche Raubzüge durch, war verantwortlich für das Massaker an dem jüdischen Stamm Banu Qurayza, bei dem 600 bis 700 Männer ermordet wurden und Frauen und Kinder in die Sklaverei kamen. Die zwei anderen jüdischen Stämme aus Medina vertrieb er. Der Hass gegen die Juden hat vielleicht auch damit zu tun, dass die Juden ihn auslachten, ihn als Propheten nicht ernst nahmen, da er die Propheten der Bibel nicht richtig kannte. Dieses auf Gewalt gründende Modell Medina wurde auch nach dem Tod von Mohammed weiter praktiziert, sodass innerhalb von 100 Jahren das riesige islamische Reich von Marokko bis Indien blutig entstand.

Hingegen wurde in den Jahrhunderten davor die damalige antike Welt um das Mittelmeer friedlich christianisiert. Erst ab dem 4. Jahrhundert nach Christus, mit dem Konstantinismus, verband sich die staatliche Macht mit dem christlichen Bekenntnis. Freilich führte diese Verbindung nie zu einer Verschmelzung, wie sie der Idee des islamischen Kalifats zugrundeliegt, in dem geistliche und weltliche Macht in demselben Amt und damit derselben Person vereinigt sind: Papst und Kaiser waren immer zwei verschiedene Ämter, Staat und Kirche bei aller Durchdringung zwei verschiedene Institutionen. Dennoch ging die wechselseitige Verflechtung viel weiter, als es dem Sinn der Lehre Christi entsprach, derzufolge das Reich, das nicht von dieser Welt ist, nichts mit den Reichen dieser Welt zu tun haben sollte. Das war der entscheidende Fehler, der auch letzten Endes zum Zusammenbruch von Byzanz führte, und dieser Fehler stellt ein unerträgliches Erbe für Europa dar. Blutige Glaubenskriege waren die Folge mit der aberwitzigen Konsequenz, dass sich Viele aus diesem Grund von dem Glauben an Jesus Christus abgewandt haben.

Das Evangelium lehrt die Trennung von Staat und Kirche, der Islam ist Staat. Deshalb kann der Islam nicht als Religion mit dem Christentum verglichen werden, da er niemals von der Staatsform wirklich zu trennen ist. Der Islam umfasst stets auch eine politische Dimension: Dort wo er von staatlicher Macht verdrängt wurde, will er die Macht zurückerobern. Das erklärt auch die vielen Terroranschläge in islamischen Staaten selbst. Die islamische Staatsform wird durch die Scharia, das Gesetz geprägt. (Im Grunde ist es sogar irreführend, im islamischen Zusammenhang von einem *Staat* zu sprechen, sofern man darunter ein über der Gesellschaft stehendes und von ihr abgetrenntes Gebilde versteht, wie wir das im Westen auffassen: Im islamischen Verständnis ist der Staat eines von vielen Hilfsmitteln, die die Geltung der Scharia aufrechterhalten, sozusagen eine Unterabteilung des Gesamtsystems „Islam". Wenn hier trotzdem in Ermangelung eines treffenderen Begriffs vom „islamischen Staat" die Rede ist, ist dieser Aspekt immer mitbedacht.) Dieser Sachverhalt steckt auch hinter den Anschlägen z.B. im Irak: Es geht nicht nur darum, dass die arabischen Sunniten ihre Herrschaft als ethnische Gruppe nicht aufgeben wollen, sondern vor allem darum, dass ein nach abendländischem Verständnis demokratisch verfasstes Land, wie es die Amerikaner anstreben, mit der Scharia nicht in Einklang zu bringen wäre.

Scharia, Gesetze und Gewalt

Die Scharia ist aus dem Koran und den Überlieferungen, der Sunna entwickelt. Im 8. Jahrhundert beauftragte der abbasidische Kalif al-Mansur den Rechtsgelehrten Malik b.Anas in Medina, ein für das gesamte Reich gültiges Rechtsbuch zu erstellen. Der Interpretationsspielraum ist im konkreten Einzelfall jedoch weit, ungeachtet der Starrheit der Grundgedanken. Von den rund 6.300 Versen des Korans vermitteln ca. nur 500 Rechtsvorschriften, der Rest ist aus den Hadithen und in Analogie entwickelt. Eingeflossen ist auch das Gewohnheitsrecht der Stämme aus der vorislamischen Zeit. So gab es und gibt es unterschiedliche Rechtsauffassungen. Obwohl die Scharia damit eindeutig auch Menschenwerk ist und nicht wie der Koran als von Allah gebeben angesehen werden kann, wird sie doch als unverrückbares göttliches Recht verstanden. Der Übergang von dieser orthodox-sunnitischen Auffassung zu radikalen und fundamentalistischen Positionen ist fließend und oft kaum erkennbar.

Alle Weltbilder, außer dem christlichen, lehren ein Anpassen des Menschen an Gesetze oder an Gesetzmäßigkeiten. Im Kommunismus sollte der Mensch sich den historisch-dialektischen, materialistisch begründeten Gesetzmäßigkeiten anpassen, im Nationalsozialismus rassistischen Gesetzmäßigkeiten, im Darwinismus den Gesetzen der Selektion; in der aus fernöstlichen Religionen importierten Esoterik sind es kosmische Gesetzmäßigkeiten. Die Gesetze und Gesetzmäßigkeiten sind wie eine Mauer um uns. Der zur Zeit ausgetragene Streit, ob es einen Schöpfergott gibt oder nicht, zielt auf *eine* Aussage: Naturgesetze lassen das Wirken eines schöperischen Gottes nicht zu, sie machen ihn geradezu überflüssig. Und damit trennen wir uns von Gott, wir eröffnen damit für uns die Möglichkeit, selbst Gesetze für unser zwischenmenschliches Verhalten zu formulieren. Sie richten sich, wie vorher erwähnt, aber nach wechselnden Bedürfnissen bzw. nach politischer Interessenlage, man denke an die Gesetze über menschliche Partnerschaften und vieles mehr. Es gibt Bereiche, in denen Gesetzesänderungen das wichtigste Bindeglied menschlichen Zusammenlebens zerstören würden, nämlich das Vertrauen. Es wäre, um nur ein Beispiel zu nennen, angesichts der Leichtfertigkeit und Willkür, die der Gesetzgeber gerade in diesem Bereich an den Tag legt, durchaus vorstellbar, dass bei Eheschließung die heute noch verbotene Polygamie in einigen Jahrzehnten erlaubt wäre. Auch aus diesem Grund sind die zehn Gebote deshalb Lebensgrundlage, weil sie in den elementaren zwischenmenschlichen Beziehungen Vertrauensschutz garantieren.

Dies träfe grundsätzlich auf die Scharia auch zu, da sie nicht nach zeitgeistigen Modetrends geändert werden kann. Die Scharia ist aber auch mit einem normalen staatsbürgerlichen Gesetz zu vergleichen, denn dort werden Vermögensfragen, Erbschaftsfragen, Strafrecht usw. geregelt, also Dinge, die einer vernunftgeleiteten gesetzlichen Regelung und damit auch Veränderung zugänglich sein sollten. Sie bildet den Ordnungsrahmen im islamischen Staat, kann aber ihrer Starrheit wegen auf wechselnde Anforderungen kaum reagieren. Darin liegt ein nicht zu unterschätzendes Problem für diejenigen, die einen Gottesstaat auf der Grundlage der Scharia errichten wollen.

Bei den Geboten bzw. Gesetzen muss unterschieden werden: Schützen Gebote das Leben und die Würde des Anderen, dann sind sie unveränderbar, der Schutz kann nicht aufgeweicht oder relativiert werden. Das trifft z.B. für die zweite Tafel der Gebote vom Sinai zu. Aber es gibt Gebote und Regeln, die anderes zum Inhalt haben. Für solche kennt auch die Bibel Veränderungen von Regeln und Riten. Die von Mose eingesetzen Opferriten wurden von Jesaja und anderen verworfen, weil sie nur noch der Form und nicht dem Inhalt nach praktiziert wurden. Das Opfern von Tieren wurde mit dem Neuen Testament endgültig abgeschafft. Die von Mose eingeführte Verhältnismäßigkeitsregel und damit Begrenzung der Strafe mit dem Gebot „Auge um Auge" und nicht mehr, wurde von Jesus durch die von ihm geforderte Feindesliebe im direkten menschlichen Miteinander durchbrochen. Die menschliche Würde, auch die des Verbrechers, ist unantastbar. Deshalb gibt es in dem freien Europa grundsätzlich keine Folter und keine staatlich legitimierte Tötung (abgesehen von ungeborenem Leben). Leider wurde die Erkenntnis des generellen Tötungsverbotes erst zu lange nach Verkündigung des Evangeliums realisiert.

Als Jesus lebte, glaubten die frommen Juden, durch das Befolgen der mosaischen Gesetze vor Gott gerecht werden zu können. Dies fing mit der Beschneidung an, und setzte sich über Speisegebote, Sabbatgebot, das Gebot, nur mit Juden zu verkehren und ähnliche Regelungen fort. Und was setzte Jesus dagegen? Die Liebe. Er durchbrach das Sabbatgebot, um einen Kranken zu heilen, er durchbrach den natürlichen, langsamen Gärungsprozess, um Wein zu gewinnen auf Grund des Vertrauens der Maria, er überwand die Schwerkraft mit dem Gehen über das Wasser, um seine in Not geratenen Jünger auf das Vertrauen zu ihm zu verweisen, er stillte den Sturm, speiste einige Tausend und weckte Tote auf. Er tat dies niemals, um seine Göttlichkeit zu beweisen – in solchen Fällen lehnte er jedes Wirken ab –, er tat es, wenn es die Liebe erforderte und entgegengebrachtes Vertrauen zu beantworten war. Und er bündelte die Unmenge der Gesetze auf den einen Satz: *Liebe Gott und den Nächsten wie Dich selbst.* Doch die Antwort der Gesetzestreuen lautete: *„Wir haben ein Gesetz und nach dem Gesetz muss er sterben"* (Joh. 19.7), obwohl schon durch

Mose das Gebot verkündet worden war, den Nächsten zu lieben wie sich selbst.

Gesetze, die eine bessere Welt schaffen sollen oder bessere Menschen, bewirken Gewalt. So ist der Dschihad zu erklären. Dschihad bedeutet „Anstrengungen" „Bemühen auf dem Weg zur Ausbreitung des Glaubens an Allah. Dies kann friedlich und kriegerisch von statten gehen.

In Sure 8.39 steht: *„Und kämpfet wider sie [die Ungläubigen], bis kein Bürgerkrieg mehr ist und alles an Allah glaubt."*

In Sure 47.4 lesen wir: *„ Und wenn ihr die Ungläubigen trefft, dann herunter mit dem Haupt[4], bis ihr ein Gemetzel unter ihnen angerichtet habt. Dann schnüret die Bande."*

Wenn wir all das vorher Erarbeitete richtig verstehen, dann ist der Kampf und auch das Töten Andersgesinnter die notwendige Folge eines Weltbildes, das dem Menschen Gesetze überlässt, um das Reich Gottes bzw. dessen ideologisch jeweils postuliertes Äquivalent auf Erden zu errichten. Noch dazu, wenn diese Gesetze Gewalt als das adäquate Mittel predigen. Entscheidend für den Moslem sind aber nicht nur diese Lehrsätze, sondern auch und vor allem das Verhalten Mohammeds, da der Prophet als unerreichtes Vorbild menschlicher Vollkommenheit verehrt wird: Dieser war auch Heerführer. Er ließ durch seine Anhänger morden und rauben, wenn es der Bekämpfung seiner Feinde und der Ausbreitung des Islam diente. Insofern ist die Unterscheidung von Islam und Islamismus problematisch. Der Islam hat stets auch seine politische, seine – wenn man so will – islamistische Seite, auch wenn es Glaubensrichtungen wie etwa die Aleviten und religiöse Praktiken wie die der Sufisten gibt, für die der Dschihad im politisch-militärischen Sinne eher sekundär ist.

---

4 Im Original steht „Schlag sie auf den Nacken". Gemeint ist hier, nach einhelliger Auffassung der Exegeten, der *Schwerthieb* in den Nacken, also die Enthauptung, sodass Hennings beherzte Übersetzung „Herunter mit dem Haupt" genau das Gemeinte trifft.

Das Anwenden religiös oder ideologisch begründeter Gesetze oder Gesetzmäßigkeiten geht einher mit dem Ausüben von Macht. Das Evangelium lehrt, dass Gott mit dem Menschen die Geschichte zu einem Ziel führt. So kann der Christ vertrauen. In der Geschichte der Christenheit konnten wir auch die Erfahrungen sammeln, dass Menschen Macht an sich rissen unter dem Hinweis auf göttliche Gesetze, auch wenn sie sie damit entstellten. Die Heerzüge der christlichen Länder waren ebenso blutbefleckt. Diese Menschen standen jedoch im Gegensatz zum Evangelium. Aber im Islam gehören Gesetz und Macht, Werkgerechtigkeit und mangelnde Freiheit zum Kern der Lehre, es gibt keine Liebe, die darüber steht.

Auch im Alten Testament gibt es Tötungsbefehle. Die Tötungsbefehle waren nicht allgemein gegen *Ungläubige* gerichtet, sondern galten nur für eine bestimmte Gruppe, die durch Götzenanbetung, Hurerei, Tempelprostitution, Kinderopfer und ähnlichem einem Gerichtsurteil unterworfen wurden. Im Neuen Testament sind solche Tötungsbefehle aufgehoben. *Stecke dein Schwert in die Scheide,* sagte Jesus zu Petrus. Die Aussage von Jesus *ich bringe das Schwert* bedeutet, dass wer Jesus nachfolgt, dem Schwert ausgesetzt ist, es aber nicht selbst in die Hand nehmen soll. Den von Jesus prophezeiten Untergang Jerusalems lag nicht ein Tötungsbefehl gottergebener Kampftruppen zu Grunde, sondern Jerusalem wurde von den heidnischen Römern zerstört. Der Schutz Gottes war aufgehoben, weil sich das Volk Gottes von Gott abwandte. Gericht Gottes auf dieser Erde bedeutet, den gottfernen Menschen sich selbst zu überlassen. Er wird scheitern, wie dies die Geschichte bewiesen hat.

Resümee: Gewalt ist durch den Koran legitimiert, ja sogar befohlen, nicht durch das Evangelium. Das ergibt sich auch daraus, dass der Islam eine Gesetzesreligion ist, die christliche Botschaft nicht.

Der Dialog

Wir tun uns im Dialog mit dem Islam schwer. Wir verstehen uns im Grunde im Dialog nicht, weil beide Seiten von unterschiedlichen Voraussetzungen ausgehen. Ohne dass wir uns dessen so richtig bewusst werden, sind wir im Abendland von drei Prinzipien geprägt: erstens die Schuld bei uns zu suchen, zweitens alle Religionen als Botschaft der Liebe zu interpretieren und drittens nicht zu begreifen, dass viele Worte mit unterschiedlichen Inhalten belegt sind.

Zu 1.: Denken wir an die Geschichte des Islam, denken wir schuldbewusst an die Kreuzzüge und die Kolonialzeit des 19. Jahrhunderts. Wir vergessen aber, dass die Araber den christlichen Orient zuvor zum Teil sehr grausam islamisierten und die Osmanen Südosteuropa und das von christlichen Völkern besiedelte Anatolien. Der Moslem empfindet dafür keine Schuld, denn er handelt im Sinne des Koran, während Kreuzzüge und Kolonialismus nicht mit dem Evangelium im Einklang zu bringen sind.

Zu 2.: Denken wir an den wahren Islam, dann haben nicht wenige ein Urchristentum im Sinn. Aber in keiner Religion der Welt, außer in der biblischen Offenbarung, steht die Liebe im Zentrum der Botschaft. Islam heißt Unterwerfung unter Allah, eine Unterwerfung, die schlussendlich Frieden verkündet, aber um dies zu erreichen, soll die Welt der Lehre und Herrschaft des Islam unterworfen werden – eine „Friedens"-Botschaft, die ähnlich zweischneidig ist wie ehedem die der Kommunisten, und deren Verwirklichung nicht weniger als diese eine Weltrevolution voraussetzt.

Zu 3. Gleiche Worte können mit einem anderen Inhalt belegt sein. So wird Freiheit in der Bibel und im Koran unterschiedlich beschrieben. Z.B. wurde der in der Bibel als Sündenfall beschriebene Vorgang, dargestellt mit Adam, im Koran als ein

Irrtum des Adam verstanden. Dass er sich auch anders entscheiden konnte, wird als seine Freiheit interpretiert. In der Bibel ist Freiheit das Geschenk Gottes an den Menschen, z.B. im ersten Sinaigebot, wo das Volk Israel aus der Knechtschaft Ägyptens befreit wird, oder im Neuen Testament, wenn es heißt, dass der Glaube an Jesus uns frei macht. Der Mensch wird frei von den Abhängigkeiten in dieser Welt. Der Unterschied trifft auch für den Begriff „Wahrheit" zu: Der Moslem geht davon aus, dass Mohammed die Wahrheit versinnbildlicht, der Christ versteht unter Wahrheit die Beziehung zu Gott durch Jesus Christus. Deshalb sagt Jesus: *Ich bin die Wahrheit.* Wahrheit findet in Begegnung statt, wie im zwischenmenschlichen Bereich. Auch Liebe wird nur wahr in der Begegnung. Nächstenliebe darf jedoch nicht instrumentalisiert werden, was der Fall wäre, wenn Almosengeben als Mittel, um in das Paradies zu kommen, verstanden wird, wie die islamische Botschaft es nahelegt. Jesus lehrt: *Lass die linke Hand nicht wissen, was die rechte tut.* Vergleichbare Handlungen können aus unterschiedlichen Motiven stammen, so auch beim Almosengeben.

Aus der Sicht des Korans sind die Christen zwar Schriftbesitzer, haben aber – wie erwähnt – die ursprüngliche Botschaft verfälscht. Sie sitzen also einer Lüge auf und verwirken so ein Leben in Frieden und Freiheit im Diesseits, sowie das Paradies im Jenseits.

Aus der Sicht der Bibel, ist derjenige der Antichrist, der leugnet, dass Jesus der Christus ist (1. Joh. 2.22). Der Antichrist ist der Widersacher Gottes, der am Ende der Zeit die Herrschaft in der Welt anstrebt. Mohammed leugnet, das Jesus der Christus sei, und Allah wird im Koran als Herr der Welt bezeichnet. So z.B. in Sure 40.66: „ *... geboten ward mir* [Mohammed], *mich zu ergeben dem **Herrn der Welten**.* "

Im Epheserbrief können wir lesen: *„Denn wir haben nicht mit Fleisch und Blut zu kämpfen, sondern mit Mächtigen und*

*Gewaltigen, nämlich mit den **Herren der Welt**, die in dieser Finsternis dieser Welt herrschen, mit den bösen Geistern unter dem Himmel.* " (6.12). Gott und Jesus werden nie als Herren der Welt bezeichnet (leider jedoch in einigen neueren, fehlerhaften Bibelübersetzungen, wo statt „Herr der Heerscharen" „Herr der Welt" geschrieben wird), nur in der Offenbarung lesen wir, dass die Reiche der Welt Gott untergeordnet werden. Aber hier handelt es sich um einen Zustand, der noch kommt, und der das Ende der Geschichte bedeutet.

Die Berufung auf den HERRN muss nicht bedeuten, dass damit der Gott der Bibel gemeint ist. Als Beispiel sei ein Zitat aus Hitlers *Mein Kampf* angeführt: *So glaube ich heute im Sinne des allmächtigen Schöpfers zu handeln: Indem ich mich des Juden erwehre, kämpfe ich für das Werk des Herrn.*

Gemäß biblischen Berichten hat Gott mit Abraham, Isaak und Jakob einen ewigen Bund geschlossen, und Jakob sprach den entscheidenden Segen über Juda aus. Diese Bündniszusage wurde immer wieder erneuert und der Ablauf der Geschichte hat, wie oben erwähnt, ihre Gültigkeit bestätigt. Ferner hat Jesus die Frau am Jakobsbrunnen darauf hingewiesen, dass das Heil von den Juden kommt. In der Offenbarung an Johannes hat Jesus die Bündniszusage gegenüber Israel erneuert. Und Gott lässt durch den Propheten Sacharja wissen, wer Israel antastet, der tastet meinen Augapfel an. Jede antijüdische Haltung, ob in der Form des Antisemitismus oder des Antizionismus und damit gegen den Staat Israel gerichtet, steht nicht im Einklang mit dem sich in der Bibel offenbarenden Gott.

Das arabische al ilâh, ist zwar mit dem hebräischen elôhim verwandt, weil beide Begriffe auf die gleiche semitische Sprachwurzel zurückgeführt werden können und beide Gott bezeichnen. Aber Allah wurde schon im heidnischen Glauben des arabischen Polytheismus verehrt, also mit ganz anderen

Eigenschaften, wie auch die Kaaba als Wallfahrtsort des heidnischen Pantheons. Mohammed hat, so wird vielfach unterstellt, von den in Arabien lebenden Juden und Christen den monotheistischen Glauben übernommen und den von den heidnischen Arabern als Allah bezeichneten Gott zum einzigen Gott erkoren. Jedoch die Beschreibung dieses einen als Herrn der Welt bezeichneten Gottes unterscheidet sich vom christlichen Gott, wie auch die jeweils damit verbundenen Menschenbilder, z.B. auch der Juden. Auch an diesem Beispiel zeigt sich, dass ein gleicher Name nicht immer etwas Gleiches aussagen muss.

Es ist bei diesem schwierigen Thema wichtig, auf die für diese Abhandlung gesetzte Begrenzung zu achten. Würde die Geschichte des Islam und die Geschichte der Christenheit verglichen werden, müsste z.B. auf die Judenverfolgung durch Christen in Andalusien und die zeitweise Toleranz der Mauren gegenüber Juden, solange sie gebraucht wurden, hingewiesen werden. Doch geht es hier um den Vergleich der Lehre. Die im Koran vermittelte Lehre ist antijüdisch, nicht die im Evangelium, auch wenn dies vielfach irrtümlich unterstellt wird. Das sich Moslems und Christen häufig nicht konform ihrer Lehre verhalten, im Guten wie im Bösen, steht auf einem anderen Blatt.

Islam und Christentum verkörpern unüberbrückbare Gegensätze. Aber das betrifft nicht nur den Islam, sondern *alle* Weltbilder, Religionen, Philosophien und Ideologien, die den Menschen – angeblich auf der Basis richtiger Erkenntnis von Gesetzen – auffordern, sich und die Welt *aus eigener Kraft* neu zu schaffen. Nur die Bibel beschreibt einen anderen Weg, nämlich den, dass Gott durch Liebe eine Neuschöpfung will, die auf Golgatha begonnen hat. Der scheinbare Sieg des Gesetzes, wurde zu einem Sieg der Liebe über das Gesetz.

Schlussbemerkung

In drei Punkten soll das Wesentliche zusammengefasst werden:

1. Der Mensch ist in seiner Verhaltensweise unvollkommen. Diese Tatsache wird in der Bibel ungeschönt beschrieben mit der grundsätzlichen Boshaftigkeit (egoistische Haltung) des Menschen, als Folge des Abwendens des Menschen von Gott. Die meisten anderen Weltbilder gehen davon aus, dass der Mensch irgendwann im Diesseits oder Jenseits Vollkommenheit durch Leistung oder Erkenntnis erreichen kann.
2. Da es dem Menschen durch eigene Leistung nicht möglich ist, vollkommen zu werden, was die Geschichte der Menschheit wohl hinlänglich belegt, kann es nur Gott sein, der uns aus dem Dilemma befreit. Deshalb gibt es den Heiland, der Gott selbst ist. Dies verdeutlicht in dieser Konsequenz nur die biblische Offenbarung.
3. Christus ist also das Angebot Gottes, die Annahme dieses Angebotes ist Ausdruck unseres Vertrauens. Wer die Bibel aufmerksam studiert, merkt, wie Gott um das Vertrauen des Menschen ringt. Auch hier zeigt unser profaner Alltag, wie wichtig Vertrauen ist. Fehlt nicht in unseren Familien, in den Ehen, in den Betrieben und vor allem in der Politik das Vertrauen? Krankt nicht daran zur Zeit Europa auf allen Ebenen? Und Gott weist auf das Vertrauen zu ihm, als Ausweg aus der Krise, in der wir uns befinden.

Was also ist wahr? Es handelt sich nicht nur um eine akademische oder philosophische Frage. Sie ist auch nicht mit der Ringparabel zu erklären. Was wir aber aus Lessings *Nathan dem Weisen* lernen können, ist, dass wir alle Geschwister sind. Wir sollten keinen Menschen verachten oder gering schätzen, auch wenn er einem Weltbild anhängt, das uns als nicht tragfähig erscheint. Die Ernsthaftigkeit und Verbindlichkeit, mit der viele Moslems ihren Glauben praktizieren, könnte viele, die sich als Christen bezeichnen, beschämen.

Am Anfang hatte ich die These vertreten, dass Menschenbild und Gottesbild korrespondieren. Auf Grund des Menschenbildes einer Ideologie oder Religion lässt sich auf das Gottesbild schließen. Wir selbst können beurteilen, ob das Menschenbild der atheistischen sozialistischen Ideologien, das Menschenbild des Islam z.B. bezüglich der Frauen oder der „Ungläubigen" – oder das Menschenbild der Bibel das erstrebenswerte ist.

Sowohl in den säkularen Ideologien als auch im Islam dominiert das Gesetz oder die geschichtlichen Gesetzmäßigkeiten. In dem Evangelium dominiert die Liebe, kommend von dem liebenden Gott, der den Menschen als sein Ebenbild geschaffen hat. Aus dieser Ebenbildlichkeit wäre das Miteinander der Menschen zu verstehen bzw. umzusetzen und damit ergibt sich auch die unantastbare Würde jedes einzelnen Menschen.

Das Menschenbild ist also von dem Gottesbild, wie es wahrgenommen wird, nicht zu trennen, es wird von ihm geprägt.Der Atheismus führt in den Nihilismus; der Islam in die Unterordnung in ein Kollektiv, was auch mit Gewalt erreicht werden kann; der Glaube an Jesus in eine Freiheit von dieser Welt, die allerdings die Hingabe für den Nächsten, der einen benötigt, erfordert. Unser Blick soll sich weg vom Ich, weg von einem Es, das einem nur selbst dient (z.B. Paradies) hin auf das Du richten. Dieses Du ist im biblischen Verständnis Gott und der Nächste.

In einer vom Atheismus geprägten Welt müsste der Mensch alles selber machen. Die Rahmenbedingungen haben sich durch den Zufall ergeben und zwängen uns in notwendige Abläufe. Es gibt kein Ziel, das über den Tod hinausreicht, deshalb sind die Antworten auf die Frage nach dem Sinn des Lebens in einem solchen Weltbild brüchig, weil der Ablauf des Lebens in dieser Welt brüchig ist.

Im Islam gibt es ein Ziel über den Tod hinaus. Die Gemeinschaft in der Familie und der Gesamtheit der Gläubigen, der Umma, hat einen hohen Stellenwert. Beides vermittelt einen Sinn im Leben. Im Islam hat Allah die Rahmenbedingungen geschaffen, aber der Mensch muss den Weg in das islamische Reich im Diesseits und in das Paradies im Jenseits durch seine Leistungen selbst ebnen, auch wenn der Moslem um die Führung des geraden Weges bittet, um nicht zu irren wie die Ungläubigen.

Im biblischen Verständnis ist Gott Mensch geworden, um die in der Schöpfung ursprünglich angelegte Verbindung zu ihm wieder zu schaffen. Somit muss der Mensch sein Leben nicht eingewoben in einen Prozess des Zufalls und der Notwendigkeit verstehen oder als eine Anstrengung, um aus einer in der Schöpfung angelegte Gottferne selbst in einen Heilszustand zu gelangen. Es ist Gottes Geist, der Neues bewirken kann und in die ewige Gemeinschaft mit Gott führt. Es ist der Geist Gottes, den Jesus dem verleiht, der sich ihm gegenüber öffnet und ihm vertraut. Den Sinn des Lebens erfährt der Mensch in dem Bezug zu seinem Nächsten, in den Aufgaben, die erwachsen, um für den Anderen da zu sein. Jesus lehrte: *Einer diene dem Anderen.* Er erfährt den Sinn des Lebens aber vor allem in dem Bezug zu Gott. Dieser Bezug zu Gott befähigt ihn auch für die Aufgaben in dieser Welt. Der Bezug zu Gott mündet in eine Gemeinschaft, die durch den Tod nicht begrenzt ist.

Bei einem Vergleich der Religionen geht es letzten Endes um die Frage: Besteht der Weg zur Heilung oder Vervollkommnung des Menschen in der Liebe oder in dem Befol-

gen von Gesetzen oder in dem Anpassen an Gesetzmäßigkeiten?

*Also hat Gott die Welt geliebt, dass er seinen eingebornen
Sohn gab, auf dass alle, die an ihn glauben, nicht verloren
gehen, sondern das ewige Leben haben* (Johannes 3.16).

So ist nun die Liebe des Gesetzes Erfüllung (Römer 13.10).

Manfred Kleine-Hartlage

Das Dschihadsystem
Wie der Islam funktioniert

292 Seiten
Paperback
€ 19,90
ISBN 978-3-935197-96-0

Der Dialog mit dem Islam wird in Begriffen geführt, die zur Beschreibung westlicher Gesellschaften entwickelt wurden doch am Selbstverständnis des Islam vorbeigehen, denn der Islam versteht sich als ein umfassendes, alle Lebensbereiche durchdringendes Normen- und Wertesystem und nicht als eine den individuellen Glauben prägende Religion, so der Berliner Sozialwissenschaftler Manfred Kleine-Hartlage. Deshalb sind die in einer islamischen Gesellschaft entwickelten kulturellen Selbstverständlichkeiten anders als in einer christlich geprägten Kultur. Die außerordentlich vielschichtige und differenzierte Argumentation des Autors führt zu dem Ergebnis, dass die Konsolidierung und vor allem die Verbreitung des Islam auf Kosten nichtmuslimischer Gesellschaften der Leitgedanke des islamischen Normen- und Wertesystems ist; erst von diesem Leitgedanken her werden die im Westen als besonders anstößig empfundenen islamischen Normen verständlich: etwa die feindselige Abgrenzung gegenüber Nichtmuslimen, deren militante Verunglimpfung, der Aufruf zum Kampf und zum Selbstopfer für Allah, das Apostasieverbot für Muslime und die systematische Kontrolle der weiblichen Sexualität. Nicht die einzelne Norm, sondern ihr innerer Zusammenhang macht den Islam zum Dschihadsystem.

Der Islam trifft in zentralen Punkten Wertentscheidungen, die denen des Christentums diametral entgegengesetzt sind, und die muslimische Gesellschaften dazu zwingen, nichtmuslimische zu verdrängen. Kleine-Hartlage untermauert diesen zunächst theoretischen Befund, indem er die Mechanismen analysiert, die zur Islamisierung Nordafrikas, Kleinasiens und des Nahen Ostens führten. Die *politische* Herrschaft von Muslimen über Nichtmuslime ging der Islamisierung stets voran.

Ein langes Kapitel widmet er der aktuellen Situation in Europa: Dabei wird deutlich, wie die vom Islam geprägte Kollektivmentalität muslimische Parallelgesellschaften in die Lage versetzt, sich nicht nur selbst zu konsolidieren, sondern auch der Mehrheitsgesellschaft die eigenen Spielregeln aufzuzwingen. Der „weiche Dschihad" nutzt die Integrationsbemühungen aus, um die Parallelgesellschaften zu stabilisieren. So dient auch der „Dialog" als Mittel des Dschihad und eben *nicht* als Weg zu seiner Beendigung.

Verlag Dr. Ingo Resch
www.resch-verlag.com

Maria-Eich-Straße 77, D-82166 Gräfelfing · Tel. 089/8 54 65-0 · Fax 089/8 54 65-11

Mark A. Gabriel, PH.D

Islam und Terrorismus
Was der Koran wirklich über Christentum, Gewalt und die Ziele des Djihad lehrt

272 Seiten
Paperback
€ 14,90
ISBN 978-3-935197-39-7

Dieses Buch ist eine Sensation: ein Dozent für Islamgeschichte der Al-Azhar Universität in Kairo und Imam an der Moschee von Gizeh, zweifelt an der Friedfertigkeit des Islam, wird daraufhin gefoltert und sollte getötet werden. Er sagt sich von seinem Glauben an Allah los und nach einem Jahr „Gottlosigkeit" bekehrt er sich zum Christentum. Heute lebt der Autor in den USA und setzt sich mit den Unterschieden zwischen Islam und Christentum auseinander. Seinen jetzigen Namen Mark A. Gabriel hat er nach seiner Bekehrung angenommen.

In diesem Buch beschreibt er nicht nur seine Lebensgeschichte, sondern er untersucht die Wurzeln des modernen Terrorismus. Sie liegen, wie er belegt, im Islam begründet.

Gabriel verurteilt die Lehre des Islam, aber nicht die Menschen.

Das Buch zeichnet sich durch eine klare und sachliche Darstellung aus und vermittelt einen zuverlässigen Überblick über die wesentlichen Aussagen des Koran.

Verlag Dr. Ingo Resch
www.resch-verlag.com

Maria-Eich-Straße 77, D-82166 Gräfelfing · Tel. 089/8 54 65-0 · Fax 089/8 54 65-11

Mark A. Gabriel, PH.D

Jesus und Mohammed

Erstaunliche Unterschiede und
überraschende Ähnlichkeiten

304 Seiten
Paperback
€ 13,90
ISBN 978-3-935197-52-6

Gabriel, der neben seiner wissenschaftlichen Ausbildung an der Al-Azhar Universität in
Kairo über den Islam in USA Weltreligionen und christliches Lehramt studierte, hat den
interessanten Vergleich zwischen dem Leben von Jesus und Mohammed gezogen. Dabei vergleicht er die Biographien von der frühesten Kindheit an um dann auf Grund der
unterschiedlichen Lehren zu seinen Schlussfolgerungen zu gelangen.

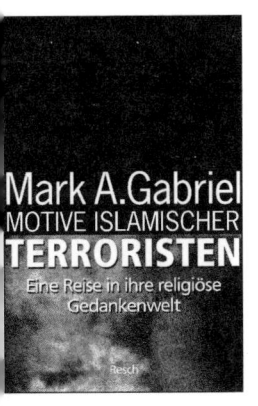

Mark A. Gabriel, PH.D

Motive islamischer Terroristen

Eine Reise in ihre religiöse Gedankenwelt

304 Seiten
Paperback
€ 16,90
ISBN 978-3-935197-51-9

Dieses Buch beschäftigt sich mit der Frage, was hinter dem islamistischen Terrorismus
steht, was die Terroristen bewegt und wieso sie diese schrecklichen Taten begehen. Das
Besondere dieses Buches besteht darin, die fünf Säulen dieser radikalen Philosophie zu
verstehen. Gabriel wertet die Schriften von Osama bin Laden, Ayman al-Zawahiri und
anderen aus und dokumentiert, wie die Terroristen ihre Aktionen durch den Koran rechtfertigen.

Verlag Dr. Ingo Resch

www.resch-verlag.com

Maria-Eich-Straße 77, D-82166 Gräfelfing · Tel. 089 / 8 54 65-0 · Fax 089 / 8 54 65-11

Bat Ye'Or

Der Niedergang des orientalischen Christentums unter dem Islam

7. bis 20. Jahrhundert – Zwischen Dschihad und Dhimmitude

Mit einem Vorwort von Heribert Busse

484 Seiten
Paperback
€ 24,90
ISBN 978-3-935197-19-9

Die in Ägypten geborene Autorin und seit 1959 britische Staatsbürgerin machte durch eine Reihe fundierter Bücher und Veröffentlichungen auf dem Gebiet des Islam auf sich aufmerksam. Sie gilt als eine der besten Kennerinnen auf diesem Gebiet. Professor Heribert Busse hat die Übersetzung inhaltlich überprüft.

Das Buch gliedert sich in zwei große Teile: Die eine Hälfte schildert die historische Entwicklung seit der Entstehung des Islam bis in das 20. Jahrhundert, die andere Hälfte bringt als Beleg Quellentexte und Dokumente. Der Leser hat so die Möglichkeit sich einen Überblick über die Entwicklung zu verschaffen und gezielt Fragen zu vertiefen.

Diese bemerkenswerte Veröffentlichung besitzt heute eine besondere Aktualität. In dem Buch wird die politische Bedeutung des Islam deutlich, seine Wertung erlaubt auch die aktuellen Entwicklungen besser zu beurteilen. An einer gründlichen Auseinandersetzung mit dem Islam kommen wir immer weniger vorbei, und deshalb ist es wichtig verlässliche Quellen zu Rate zu ziehen.

Verlag Dr. Ingo Resch

www.resch-verlag.com

Maria-Eich-Straße 77, D-82166 Gräfelfing · Tel. 089/8 54 65-0 · Fax 089/8 54 65-11

Roberto de Mattei

Die Türkei in Europa
Gewinn oder Katastrophe?

145 Seiten
Paperback
€ 13,90
ISBN 978-3-935197-95-3

Der Politikwissenschaftler und Historiker de Mattei lehrt an der Università Europea di Roma. Dieses im Jahr 2009 verfasste Buch ist bereits in Italien und England auf Grund der Brisanz des Themas, aber auch vor allem auf Grund seiner fundierten Überlegungen und Argumente, erschienen.

De Mattei legt eine nüchterne und sachliche Analyse vor. Dabei beschreibt er die historischen, geographischen, wirtschaftlichen und demographischen Gegebenheiten. Denn nur wer diese kennt, kann richtig urteilen. Doch entscheidend ist auch der innerpolitische Wandel der Türkei zuerst durch Kemal Atatürk, sowie die derzeitige Entwicklung durch Recep Tayyip Erdogan. Die kulturelle und politische Situation von Kurden und Christen in der Türkei, werden dabei ebenso behandelt wie aktuelle politische Konflikte, wie die z.B. mit Zypern. Das Spannungsverhältnis, in dem die Türkei selbst steht, zwischen Säkularisation und Islam arbeitet der Autor deutlich heraus. Dieses Spannungsverhältnis ist bedeutsam, denn der kulturelle Standort des gegebenenfalls größten Mitgliedslandes der EU würde Europa nachhaltig beeinflussen.

Der Autor zieht Schlussfolgerungen, er zeigt auf, wo sich Vorteile aber auch wo Nachteile durch einen Beitritt der Türkei in die EU ergeben würden. Dabei spielen einerseits der türkische Nationalismus aber auch die zunehmende Radikalisierung des Islam eine Rolle. Der Leser kann selbst die Argumente und Fakten werten, die auch auf zahlreiche Stellungnahmen von wissenschaftlicher und politischer Seite basieren.

Die deutsche Ausgabe ist durch Quellen von Autoren ergänzt, die aus ihrer Sicht eine Mitgliedschaft in der EU werten. Insgesamt stellt dieses Buch einen unverzichtbaren Beitrag dar, denn die Entscheidung einer Mitgliedschaft hat so oder so weitreichende politische und kulturelle Konsequenzen.

Verlag Dr. Ingo Resch
www.resch-verlag.com

Maria-Eich-Straße 77, D-82166 Gräfelfing · Tel. 089/8 54 65-0 · Fax 089/8 54 65-11

Harald Seubert

Jenseits von Sozialismus und Liberalismus

Ethik und Politik am Beginn des 21. Jahrhunderts

250 Seiten
Paperback
€ 19,90
ISBN 978-3-935197-97-7

Es herrscht Orientierungslosigkeit. Dies diagnostiziert der Philosoph Harald Seubert im ersten Teil des Buches und deckt das Scheitern gängiger Erklärungen und die geistige, politische, aber auch wirtschaftliche Desorientierung auf. Er zeigt, wie es zu diesem Vakuum gekommen ist, warum keine brauchbaren Lösungen gefunden wurden. Dabei wird der Bogen weit gespannt und kein wesentlicher Aspekt unberücksichtigt gelassen. Seubert verdeutlicht die inneren Widersprüche unserer Gesellschaft und beschreibt was Liberalismus und Sozialismus in der neuen Weltlage leisten können und vor allem, wo ihre jeweiligen Grenzen liegen.

Im zweiten Teil wird noch einmal tiefer gegraben und entfaltet, welche Orientierungsmöglichkeiten es geben könnte. Dabei verdeutlicht der Autor prägnant, dass die freiheitliche Moderne entscheidende Fragen nicht lösen konnte. In einem Rückgriff auf die Philosophie Hegels über den Staat beschreibt Seubert, welche Voraussetzungen ein freier Staat benötigt will er nicht selbst an der Freiheit zu Grunde gehen. Den von Hegel geprägten Begriff des sittlichen Staates, dessen Fundament die Familie ist und der sich von jeder Ideologie fernhält, überträgt Seubert auf unsere gegenwärtige Situation des 21. Jahrhunderts. Er zeigt dass, wie schon Hegel formulierte, ohne die Grundlage des Christentums, ein freier Staat der die Würde und das Recht jedes einzelnen Menschen gewährleistet, nicht möglich ist Auch in diesem Abschnitt widmet er sich den geistigen, wie auch den wirtschaftlichen Gegebenheiten.

Im dritten Teil beschreibt er kurz die Bedeutung eines Weges jenseits von Sozialismus und Liberalismus verbunden mit dem Postulat einer zweiten christlichen Aufklärung.

Das Verdienst dieses Buches liegt unter anderem darin, dass der Autor, der in vielen Gedanken Ansätze von Günter Rohrmoser aufnimmt und weiterführt, keine neue Ideologie formuliert, sondern auf dem Gewachsenen der europäischen Kultur Wege für die Zukunft entwickelt. Dieses Buch eröffnet damit einem breiten Leserkreis den Blick in einen überfällig gewordenen Dialog über die Zukunft unserer Kultur.

Verlag Dr. Ingo Resch

www.resch-verlag.com

Maria-Eich-Straße 77, D-82166 Gräfelfing · Tel. 089 / 8 54 65-0 · Fax 089 / 8 54 65-11